Brigitte Cordes / Nicoletta Cascio

111 Geschäfte in Rom, die man erlebt haben muss

111

W0075447

emons:

Wir danken Gianluca, unserer großen deutsch-italienischen Familie,
Bettina, Cinzia und Alessandra.

Bibliografische Information der Deutschen Nationalbibliothek
Die Deutsche Nationalbibliothek verzeichnet diese Publikation
in der Deutschen Nationalbibliografie; detaillierte bibliografische
Daten sind im Internet über http://dnb.d-nb.de abrufbar.

© Emons Verlag GmbH
Alle Rechte vorbehalten
Gestaltung: TIZIAN BOOKS, nach einem Konzept
von Lübbeke | Naumann | Thoben
© Fotografien: Nicoletta Cascio, außer: Designtransparente: Andrea Rubbo,
Lanificio: Stefano Compagnucci, Nora P: Nora P, Vetrate Artistiche Pigreco:
Donata Longo
Lektorat: Monika E. Schurr
Satz und digitale Bearbeitung: Gerd Wiechcinski
Redaktion: Constanze Keutler
Kartografie: altancicek.design, www.altancicek.de
Kartenbasisinformationen aus OpenStreetMap, © OpenStreetMap-Mitwirkende, ODbL
Druck und Bindung: Firmengruppe APPL – aprinta druck, Wemding
Printed in Germany 2014
ISBN 978-3-95451-317-8
Originalausgabe

Unser Newsletter informiert Sie
regelmäßig über Neues von emons:
Kostenlos bestellen unter
www.emons-verlag.de

Vorwort

Rom war seit der Antike Residenz mächtiger Imperatoren, Papstdynastien und Patrizierfamilien, die in zwei Jahrtausenden unschätzbare Reichtümer anhäuften. So zieht es jährlich Millionen von Touristen in die imposanten Ruinen und herrschaftlichen Paläste mit ihren unübertroffenen Kunstwerken, doch die charmante Metropole mit dem südlichen Flair ist mehr als glorreiche Vergangenheit und Kunstgeschichte.

Nach der obligatorischen Besichtigungstour sollte man es daher nicht verpassen, von den eleganten Terrassen des Pincio und Gianicolo auf das atemberaubende Stadtpanorama hinunterzublicken, in den Straßencafés dem emsigen Treiben auf den Plätzen beizuwohnen oder bei einem Spaziergang durch die Innenstadt das Gewirr der verwinkelten Gässchen zu erforschen. Unbedingt sollte man auch in die Stadtviertel jenseits der Aurelianischen Mauer vordringen, vom volkstümlichen Trastevere über den eleganten Norden Roms und die alten Arbeiterviertel Testaccio, Garbatella und Pigneto bis hinaus in die lebendigen Vorstadtviertel und zu den Stränden vor den Toren der Stadt.

Überall trifft man die kleinen Läden an, in denen das bunte Volk der Händler, Handwerker und Künstler mit unveränderter Leidenschaft und Kompetenz seinen Tätigkeiten nachgeht. Man begegnet nostalgischen Hütern der Vergangenheit und mutigen Vorläufern des modernen Designs, entdeckt kostbare Kreationen der Goldschmiedekunst und exzentrischen Modeschmuck, stöbert in exklusiven Boutiquen und originellen Secondhandläden. Das internationale Angebot der Feinkostgeschäfte verführt ebenso wie die typischen Spezialitäten der kleinen Lebensmittelläden; die alteingesessenen Familienbetriebe halten gemeinsam mit den originellen Läden junger Pioniere tapfer der Wirtschaftskrise stand. So entdeckt man im Schatten der Imperatoren, Päpste und Patrizierfamilien die menschliche Seite dieser Ewigen Stadt mit dem südlichen Flair.

111 Geschäfte

1___20 MQ Design

Artischocken mit Stil

»Ich hätte gerne zwei Kilo Artischocken, etwas Petersilie und einen Sessel von Philippe Stark.« Vor drei Jahren beschlossen zwei einfallsreiche Freunde, die Highlights des internationalen Designs buchstäblich auf den Markt zu bringen. Inmitten der Gemüsestände und Fischbuden des »mercato rionale« von Testaccio bauten sie aus schlichten Obstkisten ein paar improvisierte Regale und stellten dort die kuriosen Vasen, exzentrischen Lampen und originellen Accessoires internationaler Designer hinein.

Der junge Architekt Massimiliano Rubcich erzählt mit einem Lächeln, wie sein Freund Emanuele Vitale auf diese ausgefallene Idee kam. »Er schlenderte über den volkstümlichen Lebensmittelmarkt von Trionfale und dachte, dass die Hausfrauen sicher Spaß daran hätten, ihre Einkäufe in poppigen Recyclingtaschen statt in anonymen Plastiktüten nach Hause zu tragen. Also beschlossen wir, das Design aus den gestylten Showrooms zu holen, um es unter die Leute zu bringen.« In ihren 20 Quadratmetern finden ausschließlich Dinge Platz, die nicht nur schön und praktisch, sondern auch erschwinglich sind. »Für teures Design finden wir hier keine Abnehmer, daher schwanken unsere Preise zwischen 5 € und höchstens 200 €.«

Die willkommene Neuheit gefiel den Hausfrauen aus dem Viertel und den Neugierigen aus der ganzen Stadt; heute ist der Stand von 20 MQ die beste Adresse für alle, die ein besonderes Accessoire oder eine ausgefallene Geschenkidee suchen. Man kann hier die kopfüber hängenden Blumentöpfe von Boskke, die aus Lkw-Planen genähten Recyclingtaschen von Freitag und die nahtlos gefalteten Portemonnaies von Dynomighty finden. Daneben stehen Massimilianos eigene Kreationen wie das filigrane Teelicht-Kolosseum oder die gelenkige Holzfingerlampe. Ob Artischocken, Petersilie oder das poppige Design von 20 MQ – seit drei Jahren haben die Hausfrauen von Testaccio einen Grund mehr, auf den Markt zu gehen.

Adresse Mercato Testaccio, Via Aldo Manuzio 66, Box 27, 00153 Rom (Testaccio),
Tel. +39/06-64420549, www.20mq.com, info@20mq.com | **ÖPNV** Metro Linie B, Tram 3,
Haltestelle Piramide, Bus 719, Haltestelle Manunzio | **Öffnungszeiten** Mo–Sa 9–14 Uhr |
Tipp Im Norden Roms hat 20 MQ nun auch ein Café eröffnet: 20 MQ Design e Caffè,
Via Flaminia 314c, 00196 Rom, Tel. +39/06-31052302, Öffnungszeiten: Mo–Sa 8–21.30 Uhr

2 Abitart di Vanessa Foglia

Aurora, Aria, Avantgarde

»Als ich begann, die Entwürfe meiner neuen Sommerkollektion zu zeichnen, war ich auf der Suche nach den richtigen Farben. Eines Nachts weckte mich der Gedanke an einen Sonnenuntergang, und mir wurde klar, dass die schönsten Farbkombinationen nur in der Natur zu finden sind.« Also borgte sich Vanessa Foglia die leuchtenden Farbtupfer der Frühlingswiesen und das strahlende Blau des Sommerhimmels und wob sie in ihre lebenslustigen Inspirationen ein.

Mit Abitart macht Vanessa mehr als Mode, sie kleidet ihre Phantasie in 1000 Farben und setzt sie im kunterbunten Flair ihrer Boutiquen in Szene. Das schöpferische Genie und die schneiderischen Fähigkeiten verdankt sie ihrer Mutter, die bereits in den 1970er Jahren zur Avantgarde der Modemacher gehörte, doch Vanessas Ambitionen gehen über Stoffe und Schnittmuster hinaus. »Wie in einem Gemälde harmonieren meine Kleider perfekt mit allem, was sie umgibt.« Seit Vanessa 1990 das Atelier übernahm, hat sie mit ihrem einzigartigen Stil den Namen Abitart zum erfolgreichen Brand gemacht.

Die dynamische Designerin kümmert sich um jedes Detail ihrer Boutiquen und gestaltet höchstpersönlich sogar die Einrichtung. Heute finden ihre Kollektionen in ganz Europa begeisterte Abnehmer; die über die Stadt verstreuten Boutiquen von Abitart sind ein beliebter Treffpunkt von Frauen jeden Alters, die ihre Garderobe mit dem gewagten Spiel von Stoffen und Mustern zu einem Triumph der Farben auffrischen möchten. Die neueste Errungenschaft ist der 2012 eröffnete »Brand Store« in der Via Cola di Rienzo, ein wahrer Erlebnispark mit Schmetterlingstheke, schillernden Riesenblumen und geschwungenen Kleiderstangen für die neue Sommerkollektion »Earth« und ihre verspielten Modelle »Aria, Aurora, Fiore, Vento, Linfa e Tramonto«, deren harmonische Farben und Formen Vanessa sich eines Nachts von den Frühlingswiesen und Sonnenuntergängen ihrer Inspiration borgte.

Adresse Via Cola di Rienzo 188, 00192 Rom (Rione Prati), Tel. +39/06-68807967, www.abitartworld.com, info@abitartworld.com | **ÖPNV** Tram 8, Haltestelle Arenula/Carioli | **Öffnungszeiten** Mo–So 10.30–20 Uhr | **Tipp** Weitere Boutiquen: Via della Croce 47, 00187 Rom (Rione Campo Marzio), Tel. +39/06-69924077, Mo–So 10.30–20 Uhr; Shopping Mall Centro Commerciale Euroma 2, Viale dell'Oceano Pacifico 83, 00144 Rom (EUR), Tel. +39/06-94534620, Mo 12–21 Uhr, Di–So 10–21 Uhr; Via Edoardo Jenner 121, 00151 Rom (Monteverde), Tel. +39/06-5342544, Mo 16–20 Uhr, Di–Sa 10.30–13 & 16–20 Uhr.

3 Albero Antico Bonsai
Bäumchenmeister

Niemand kommt an Albero Antico Bonsai vorbei, ohne einen bewundernden Blick hineinzuwerfen. Knorrige Feigenbäume, elegante Zypressen und breitkrempige Pinien im Kleinformat beschwören das Flair der Mittelmeerküste herauf; japanische Aprikosenbäume und chinesische Ulmen rücken anmutig in ihren schlichten Schalen zusammen.

Die antike Kunst des Bonsai ist mehr als nur Ästhetik. Sie ist die Miniaturdarstellung der Harmonie zwischen Natur und menschlichem Wirken. Aus China gelangte sie nach Japan und wurde erst ein Jahrtausend später in Europa bekannt. Auch wenn die Zucht dieser Zwergbäume wachsendes Interesse erregt, erfordert sie Respekt, Geduld und liebevolle Pflege – ein Kontrast zur Schnelllebigkeit unserer Zeit.

Sandro Scaramella und Luigi Canali haben sich in den 30 Jahren ihrer Aktivität den Bedürfnissen ihrer Zöglinge angepasst und meiden die Hektik des Großstadtlebens. Sie lernten von den Meistern dieser Kunst ihr faszinierendes Handwerk, zogen die kleinen Bäumchen im eigenen Garten, kappten Wurzeln und banden Zweige ab, um der Natur die Formen ihrer Miniaturskulpturen abzugewinnen. Dieser Laden schien ihnen der ideale Ort, um ihre Kreationen im angemessenen Rahmen vorzuführen. »Die Via dei Coronari ist die bevorzugte Straße der Antiquitätenhändler und Kunstliebhaber, und unsere Bonsai-Bäume sind lebende Kunstwerke.« Jahr für Jahr wächst die Schönheit dieser Meisterwerke an, doch müssen sie angemessen ernährt und gepflegt werden.

So kümmern sich Sandro und Luigi auch nach dem Verkauf um ihre Schützlinge und nehmen sie sogar im eigenen Garten auf, wenn die neuen Besitzer in den Urlaub fahren. »Auch wenn wir in 30 Jahren noch keine Jahrhunderteiche gezogen haben, investieren wir in jedes Bäumchen viel Zeit und Liebe.« Ob knorriger Ficus oder anmutiger Aprikosenbaum: Die liebevoll gezogenen Bäumchen von Albero Antico Bonsai können sich sehen und bestaunen lassen.

Adresse Via dei Coronari 16, 00186 Rom (Rione Ponte), Tel. +39/3332027714,
www.alberoantico.it, alberoantico@tiscali.it | **ÖPNV** Bus 70, 81, 87, 116, 186, 492,
Haltestelle Zanardelli | **Öffnungszeiten** Mo–Fr 11–13.30 Uhr, Sa nach Vereinbarung,
So geschlossen | **Tipp** Sandro und Luigi stellen in ihrem Laden auch die Gemälde der
japanischen Künstlerin Junko Mori aus, die sich auf Seidenmalerei und die Anfertigung
von Kimonos und japanischen Accessoires spezialisiert hat (JunkoKyoto di Junko Mori,
Tel. +39/3337218239, www.junkokyoto.com).

4 Alfis Merceria

Magische Knopfwand

Largo dei Ginnasi liegt gleich hinter dem bekannten Largo Argentina, doch kaum jemand verirrt sich an diesen unscheinbaren Ort, der außer parkenden Autos nichts zu bieten hat. Nur Eingeweihte der Schneiderkunst wissen, dass sich ihnen bei Hausnummer sechs eine wahre Fundgrube auftut: die Stoff- und Kurzwarenhandlung Alfis.

Was vor 68 Jahren als kleines Fachgeschäft für Futterstoffe begann, ist heute eine der wichtigsten Adressen für Schneidereizubehör. In den deckenhohen Regalen stapeln sich Stoffballen in allen Regenbogenfarben neben Schachteln voller Bordüren, Kordeln und Bänder, während die Schubladen unter dem langen Ladentisch ein Heer von Nadeln, Scheren und Fäden bergen. Das Regal dahinter stellt jedoch alles in den Schatten: Tausende von Knöpfen werden hier aufbewahrt und verwandeln die gesamte Wand in ein wahres Kunstwerk.

»Diese Knopfwand soll die größte Europas sein«, berichtet Signora Marianna Fertig, die seit Jahrzehnten mit viel Disziplin das Geschäft führt und hier ihr ganzes Leben verbrachte.

»Mit sechs Jahren bediente ich meine erste Kundin, mit sechzehn half ich meinem Vater beim Einkauf. Jeder Artikel sollte hier verfügbar sein, kein Wunsch unerfüllt bleiben. Inzwischen haben wir eine beachtliche Auswahl an Zubehör aus allen Epochen. Wer vor 20 Jahren einen Knopf gekauft hat, kann ihn hier auch heute finden.«

Kostümbildner und Modemacher zählen zur Stammkundschaft und werden von dem kompetenten Personal stets freundlich bedient. Alle haben sie von Signora Marianna den Beruf gelernt. »Viele Mitarbeiterinnen fingen als junge Mädchen bei mir an, und manche können nun schon auf 38 Jahre Erfahrung zurückblicken.«

Marianna weiß, dass ihr Laden bei Sohn David in guten Händen ist, doch lässt sie ihre Kundschaft ungern im Stich, besonders wenn ein Stammkunde ihr einen alten Knopf bringt, dessen Zwilling sie aus der magischen Knopfwand hervorzaubern kann.

Adresse Largo Ginnasi 6, 00186 Rom (Rione Pigna), Tel. +39/06-68801970, www.alfismerceria.com, alfis1978@libero.it | **ÖPNV** Tram 8, Haltestelle Venezia, verschiedene Buslinien, Haltestelle Venezia | **Öffnungszeiten** Mo−Fr 9−19 Uhr, Sa 9.30−13.30 Uhr | **Tipp** In den Ruinen des Largo Argentina lebt eine der größten Katzenkolonien Roms. Der Verein »Associazione Culturale Colonia Felina Torre Argentina« kümmert sich um die Sterilisierung, Pflege und Adoption jeder Katze (www.gattidiroma.com).

5 Alpa Presepi
Kein Baum ohne Krippe

Der neapolitanische Philosoph Luciano de Crescenzo teilt die Menschheit in zwei Gruppen: »alberisti« und »presepisti«; die einen verteidigen den nordischen Weihnachtsbaum, die anderen schwören auf die jahrhundertealte Tradition der italienischen Krippe. Von Genuas barocken Krippenbildern bis zu den lebensnahen Tonfiguren aus Neapel hat jede Region ihre ureigene Art, die Weihnachtsgeschichte in Szene zu setzen.

Wer alles über Italiens traditionsreiche Krippenbräuche erfahren möchte, ist bei Luigi Poltis Alpa Presepi am richtigen Ort. Das ehemalige Schreibwarengeschäft mit dem unscheinbaren Äußeren ist seit Jahren der bevorzugte Treffpunkt der römischen Krippenbastler. »Meine Frau und ich sind begeisterte ›presepisti‹. Vor 30 Jahren stellten wir die ersten Krippen in unseren Laden und fanden bald heraus, dass wir damit in zwei Monaten mehr verdienten als mit Schulheften und Füllern im ganzen Jahr.«

Luigi machte sich also auf die Suche nach den schönsten Stücken und den besten Handwerksmeistern und füllte die schlichten Metallregale bis unter die Decke mit dem kunstvoll dekorierten Weihnachtsvolk aus ganz Italien. Rustikale Zirbelholzstatuen aus Gröden, handbemalte toskanische Kunstharzfiguren und kreatives Pappmaschee aus Apulien stehen nun neben den orientalisch anmutenden Tonfiguren der sizilianischen Bildhauerin Angela Tripi. Natürlich dürfen dabei die ausdrucksvollen Terrakottaminiaturen aus Neapel nicht fehlen. »In der Vorweihnachtszeit bringe ich eine große Auswahl nach Rom, doch in meinem Laden in der Krippenstraße Via di San Gregorio Armeno sind sie das ganze Jahr über zu haben.« Aus Neapel stammt auch das reichliche Krippenzubehör, vom Gemüsekarren über den flackernden Pizzaofen bis zum plätschernden Brunnen. Nach einem Besuch bei Luigi und seiner Krippenwelt wird auch dem überzeugtesten »alberista« klar, dass er tief in seinem Herzen doch dem Volk der »presepisti« angehört.

Adresse Via Carlo Lorenzini 49, 00137 Rom (Talenti), Tel. +39/06-64505704, Handy +39/347-7701825, www.presepialpa.it, alpa@alpapresepi.it | **ÖPNV** Bus 60, 60L, 63, 69, 434, 435, Haltestelle Largo Pugliese | **Öffnungszeiten** Nov.–Dez.: Mo–So 9–13 & 16–19.30 Uhr; Jan.–Okt.: nach telefonischer Vereinbarung (Handy) | **Tipp** In der Via di San Gregorio Armeno, der weltberühmten Krippenstraße in der Altstadt Neapels, kann man das ganze Jahr über die charakteristischen Figuren samt Zubehör erstehen (www.portanapoli.de/neapel/krippenstrasse).

6 Amor di Pasta
Eiernudeln mit Zukunft

Liebe geht durch den Magen, besonders bei einem Teller Ravioli mit Ragout. Die frischen Eiernudeln in den traditionellen »Pasta all'Uovo«-Läden widerstehen tapfer der schleichenden Wirtschaftskrise und dem Ansturm der Discounter, denn wenn die Pasta frisch aus der Nudelmaschine kommt und lecker schmeckt, schaut der Römergaumen nicht auf den Pfennig.

Vor drei Jahren ging der alteingesessene Pasta-Bäcker im Viertel Garbatella in den Ruhestand und weihte seine Nachfolger Massimiliano und Maurizio in Rezepte und Maschinen ein. Dabei nahm er sich viel Zeit, um der Stammkundschaft den Wechsel schmackhaft zu machen. Das Team von Amor di Pasta lernte eifrig, doch wollten die Neuen mehr als Traditionen und Rezepte. Sie besuchten Bauernhöfe und Mühlen, informierten sich über Hühnerhaltung und Getreide und kamen zu dem Schluss, dass die Zukunft unserer Umwelt auch in der Nudel liegt. »Die modernen Getreidesorten sind sehr wetterbeständig, haben aber einen geringen Nährwert und sollen sogar der Auslöser vieler Formen von Gluten-Überempfindlichkeit sein. Für unsere Bionudeln verwenden wir nur den antiken Hartweizengrieß ›Grano Senatore Capelli‹ und Eier von frei laufenden Hühnern.«

Neben den Bionudeln stellen sie die etwas preiswertere »pasta fresca classica« her, für die sie auch nur frische Zutaten aus den Bauernhöfen des römischen Umlands verwenden. »Die Kartoffeln für unsere Gnocchi bringt uns zweimal in der Woche eine alte Bäuerin aus Velletri.« Die werden dann gekocht, mit frischem Eigelb verknetet und kommen schließlich in die Auslage neben die überquellenden Tabletts mit dottergelben Fettuccine, Vollkorn-Rigatoni, gefüllten Tortellini, ofenfertiger Lasagne und delikaten Crêpes mit Pilzen.

In den Regalen stehen auch Flaschen mit Tomaten und Eingemachtem vom Biobauern. Denn bei einem Teller Ravioli von Amor di Pasta geht mit der Liebe auch der Respekt vor unserer Umwelt durch den Magen.

Adresse Via Giovanni Andrea Badoero 55, 00154 Rom (Garbatella), Tel. +39/06-5127535, www.amordipasta.it, Mauriziopls@gmail.com | **ÖPNV** Metro Linie B, Haltestelle Garbatella, Bus 670, 673, 715, Haltestelle Pullino | **Öffnungszeiten** Mo–Sa 9–13 & 16.30–19.30 Uhr | **Tipp** Amor di Pasta organisiert im Frühling ein »Fest der frischen Nudeln« mit Flohmarkt, Verkauf von Bioprodukten und leckeren Nudelspeisen im Garten einer alten Vorstadtvilla, ehemaliger Sitz der Faschistischen Partei und seit Kriegsende beliebter Treffpunkt für politische und gemeinnützige Veranstaltungen (La Villetta, Via Francesco Passino 26, 00145 Rom, www.lavillettasel.it).

7 Antica Cappelleria
Neues Leben für alte Hüte

Zu Großmutters Zeiten ging man nie ohne Hut aus dem Haus. Ein unbedeckter Kopf war ein unverzeihlicher Stilbruch. Doch die Zeiten änderten sich und verbannten die Stilhüter in verstaubte Kisten auf dem Dachboden.

Wer heute in einem Anfall von Nostalgie Omas zerknitterten Kopfputz aus der Kiste zieht, um ihm neues Leben einzuhauchen, braucht sich nur an Signora Adolfa Gagliardi und ihre Antica Cappelleria in Trastevere zu wenden, und dem alten Hut wird geholfen. Schwiegervater Giuseppe Cornacchia eröffnete 1921 die Hutmacherei mit den geschliffenen Spiegeln und dunklen Holzregalen, in denen sich damals wie heute Hunderte von Hüten bis zur Decke stapeln.

Schon seit 38 Jahren schneidet, hämmert und näht Adolfa in der kleinen Werkstatt im Hinterzimmer. »Ich trenne Verzierungen, Hutband und Krempe ab und spanne den Hut auf eine Holzform, um den Filz mit Dampf und Stärke zu plätten. Mit diesen Hutformen arbeitete schon mein Schwiegervater in den 1920er Jahren.«

Damals wurde alles maßangefertigt, heute steht dem Kunden ein reiches Sortiment von Kopfbedeckungen aus aller Welt zur Verfügung. Die Auswahl ist enorm und der Laden winzig; ohne Adolfas freundliche Unterstützung wäre es unmöglich, sich in den Bergen von Strohhüten, Schirmmützen, Borsalino-Hüten und exzentrischen Damenkäppchen zurechtzufinden. Das gewählte Modell kann natürlich auch umgestaltet werden. Adolfa setzt der Phantasie keine Grenzen und erfüllt selbst den ausgefallensten Wunsch.

In ihrem kleinen Reich, das sie zusammen mit Tochter Velia führt, sind Stammkunden wie Neugierige herzlich willkommen, selbst wenn sie sich nur umsehen möchten. »Manche jungen Leute schauen nur herein, um sich mit den Hüten vorm Spiegel zu fotografieren.«

Adolfa lächelt und weiß, dass gerade diese Neugierigen ihr eines Tages Omas zerknitterten Hut bringen und sie bitten werden, ihm mit viel Liebe neues Leben einzuhauchen.

Adresse Viale Trastevere 109, 00151 Rom (Trastevere), Tel. +39/06-58333206 | **ÖPNV** Tram 8, Bus 121, 780, Haltestelle Trastevere/Mastai | **Öffnungszeiten** Mo–Sa 9–13 & 15–19 Uhr (im Sommer Sa nachmittags geschlossen) | **Tipp** Gleich um die Ecke liegt die Basilika »San Francesco a Ripa«, in der Franz von Assisi aufgenommen wurde, wenn er sich in Rom aufhielt. Man kann in der schönen Barockkirche unter anderem die imposante, von Bernini geschaffene Statue der Ludovica Albertoni, Mitpatronin von Rom, bewundern.

8 Antica Erboristeria Pontificia

Danielas Geheimrezept

Die römische Tradition der Kräuterheilkunde kann auf 600 Jahre zurückblicken. Bereits 1429 regelte das »Nobile Collegio degli Speziali« den Beruf der Drogisten, während das Studium der Heilkräuter lange Zeit Privileg der Klöster blieb.

Einer der wenigen nicht kirchlichen Lieferanten des Vatikans war die 1780 gegründete »Antica Erboristeria Pontificia«, die ihren Namen mit dem Papstwappen schmücken durfte. »Das Papstsiegel war überall eingraviert«, erzählt Daniela Chioccia, die heute zusammen mit ihrer Schwester das Geschäft führt. »Leider ist der Laden für lange Zeit geschlossen gewesen und auch mehrmals geplündert worden. Nur das Wappen auf der gläsernen Eingangstür erinnert noch an seine glorreiche Vergangenheit.«

Nach einer gründlichen Restaurierung verleihen seit 1997 die pastellgrün gestrichenen Regale mit den dekorierten Schubladen aus Sandelholz dem Laden wieder den Charme vergangener Zeiten. Als vor fünf Jahren der Inhaber erneut verkaufen musste, ergriff Daniela die Gelegenheit beim Schopf und übernahm die Lizenz samt den nostalgischen Regalen. Seitdem lädt sie mit dem verführerischen Duft von 1000 Kräutern und den bequemen Ledersesseln ihre Kunden ein, entspannt Platz zu nehmen und sich beraten zu lassen.

Als Expertin für Naturheilkunde und Ayurveda-Medizin weiß sie von der heilenden Wirkung des Wohlbefindens. »Ich möchte das Vertrauen meiner Kundschaft gewinnen und mich um ihr Wohlergehen bemühen.« Neben den traditionellen Kräutern und Tinkturen bietet sie deshalb auch ein reiches Angebot an Naturkosmetik und Lebensmitteln aus biologischem Anbau an. Daniela hat ihr Geheimrezept: eine ausgewogene Mischung aus 600 Jahren Kräuterheilkunde, indischer Lebensphilosophie und spontaner menschlicher Wärme.

Adresse Via del Pozzo delle Cornacchie 26, 00186 Rom (Rione S. Eustachio), Tel. +39/06-68300676, info@musaluxuryspa.com | **ÖPNV** Bus 30, 70, 81, 87, 130F, 186, 492, 628, Haltestelle Senat, Tram 3, Haltestelle Marmorata/Galvani | **Öffnungszeiten** Mo–Sa 9–13 & 15–20 Uhr | **Tipp** Daniela führt auch das exklusive Wellnesscenter »Musa Luxury Day Spa« in der Nähe der Piazza Navona (Via Parione 24).

9__Argilla di Stefania Duranti
Rot glühend für Raku

Monteverde Vecchio mit seinen verschlafenen Vorstadtvillen aus den 1920er Jahren ist der ideale Ort für eine Keramikmeisterin, die aus der Gelassenheit eine Lebenseinstellung gemacht hat. Die Töpferei »L'Argilla« – »Der Ton« –, in der Stefania Duranti seit 1997 ihrem Handwerk nachgeht, versteckt sich hinter schlichten Schaufenstern, die nur einen kleinen Vorgeschmack auf das geben, was den Kunden im Innern erwartet.

In hellen Holzregalen sind Stefanias kreative Tongefäße ausgestellt, vom einfachen bunt lackierten Becher bis zur kunstvoll dekorierten Vase. Den Mittelpunkt bildet jedoch ein großer Arbeitstisch, an dem acht bis zehn Personen Platz finden. »Bald nach der Eröffnung meiner Töpferei begann ich Keramikkurse abzuhalten, und es macht mir noch heute viel Spaß, die Kreativität meiner Schüler zu fördern.«

Stefania selbst widmet sich seit 20 Jahren einer japanischen Technik aus dem 16. Jahrhundert, die erst vor wenigen Jahrzehnten in Europa bekannt wurde: dem Raku. Dabei werden die vorgebrannten und glasierten Tonstücke in einem Ofen im Freien gebrannt. Sobald die Glasur sichtbar geschmolzen ist, werden die Stücke rot glühend mit Zangen aus dem Ofen genommen und in eine mit Stroh oder Laub gefüllte Reduktionskiste gelegt. Die sofort entstehenden Flammen werden unter Sägemehl erstickt, wobei dem Ton und der Glasur der im Ofen aufgenommene Sauerstoff wieder entzogen wird. So entstehen die typischen Glasureffekte wie Sprünge und die Schwarzfärbung nicht glasierter Teile. Schließlich werden die heißen Stücke in Wasser schnell abgekühlt.

Die antiken Schalen für die Tee-Zeremonie des Zen-Buddhismus entstanden bereits vor 300 Jahren mit dieser Technik, die jedem Stück eine individuelle Ausdruckskraft verleiht. Allerdings erfordert Raku viel Zeit und vor allem die besondere Fähigkeit, die Vielzahl zufälliger Einflüsse mit japanischer Gelassenheit hinzunehmen.

Adresse Via Guido Cavalcanti 26, 00152 Rom (Monteverde), Tel. +39/06-5812517, duranti.stefania@libero.it | **ÖPNV** Bus 75, Haltestelle Poerio | **Öffnungszeiten** Mo–Fr 10–20 Uhr, Sa 10–14 Uhr | **Tipp** In Monteverde liegt der öffentliche Park der »Villa Sciarra-Wurts« und das 1932 gegründete »Istituto Italiano di Studi Germanici« mit Italiens größter Bibliothek für Germanistik und Skandinavistik (Via Calandrelli 25, 00153 Rom, www.studigermanici.it).

10__Art Studio Café
Schmelztiegel

Um halb acht öffnet die Caffetteria ihre Türen, um den ersten Kunden Cappuccino und ofenfrische »cornetti« zu servieren, während Maria Teresa für die Teilnehmer der Mosaikschule Savelli Werkzeuge und Schürzen bereitlegt. »Die Familie Savelli besitzt eine Sammlung von über 300 wertvollen Mosaiken. Mit unseren Kursen wollen wir die Tradition fortführen, indem wir unseren Schülern diese antiken Techniken vermitteln.«

Die Werkstatt liegt direkt hinter dem großen Schaufenster, und oft beobachten erstaunte Passanten, wie Maria Teresa und ihre Schüler die bunten Glas- und Marmorsteinchen zuschneiden und sie mit Hilfe einer Pinzette zu phantasievollen Kompositionen zusammensetzen. Für ihr »mosaico filato« greifen sie sogar zur Flamme, ziehen das geschmolzene Glas zu farbigen Spaghetti und schneiden diese in winzige Scheibchen. Nun wird es im hinteren Teil des Lokals lebendig, denn dort sind die Hobbytöpfer dabei, unter der aufmerksamen Leitung von Giulia und Adriana ihre Tonkreationen zu bemalen, die dann ihre Privatkollektion bereichern werden.

Wer an der Theke seinen Espresso schlürft oder sich an einen der Tische zum Essen setzt, kann dem eifrigen Treiben zusehen. Genau so hatte es sich Alessandra vorgestellt, als sie vor sieben Jahren mit Maria Teresa diesen Schmelztiegel der Ideen ins Leben rief. »Wir wollten einen Ort, an dem Essen, Kultur und Kunsthandwerk fließend ineinander übergingen und an dem man sich aussuchen konnte, ob man an unseren Kursen und kulturellen Events teilnahm, einen Kaffee trank oder ein Buch oder Designobjekt in unserem Book Shop kaufte.«

Wenn sich gegen Abend die Werkstatt leert, belebt sich das Lokal mit interessanten kulturellen Events, Buchlesungen und Konzerten. Erst spät in der Nacht schließen Alessandra und ihr Team die Türen des Art Studio Café, doch planen sie bereits mit neuem Elan den nächsten Tag in ihrem Schmelztiegel der Künste und Ideen.

Adresse Via dei Gracchi 187, 00192 Rom (Rione Prati), Tel. +39/06-32609104, www.artstudiocafe.it, info@artstudiocafe.com | **ÖPNV** Metro Linie A, Haltestelle Lepanto, Bus 70, 87, 186, 224, 280, 913, 926, Haltestelle Marcantonio Colonna | **Öffnungszeiten** Mo–So ab 7.30 Uhr | **Tipp** Nicht weit entfernt liegt der Lebensmittelmarkt des Viertels Prati in einer sehenswerten, architektonisch interessanten Halle, die 1928 im neoklassizistischen Stil erbaut wurde (Mercato Rionale dell'Unità, Via Cola di Rienzo, Mo–Sa 7–18 Uhr).

11__Artemarcia

Konturen und Kathedralglas

Wer meint, dass Steinbildhauer nur Hammer und Meißel verwenden, kann bei Artemarcia einiges dazulernen. »Man schlägt die Umrisse mit dem Spitzeisen aus dem Steinblock heraus, bearbeitet mit dem Zahn- und Schlageisen die Konturen und verwendet Raspeln für die Schleifarbeit. Zum Schluss wird die Oberfläche der Skulptur mit speziellem Schleifpapier poliert.«

Dank seiner jahrzehntelangen Berufserfahrung verfügt Alessandro nicht nur über umfassende Kenntnisse der unterschiedlichsten Handwerke, er führt in seinem Geschäft auch das gesamte benötigte Arbeitsmaterial. »Ich habe mich auf Mosaik, Bildhauerei und Kunstglas spezialisiert und biete die besonderen Werkzeuge an, die in keinem normalen Eisenwarenladen oder Baumarkt zu finden sind.«

Der winzige Laden mit der riesigen Auswahl im künstlerischen Szeneviertel Pigneto ist eine wahre Fundgrube für Handwerksmeister und Hobbybastler. In meterhohen Regalen stapeln sich Stangen aus Naturstein und Glas, die Alessandro nach Bedarf mit seiner Schneidemaschine in kleine Mosaiksteinchen bricht. In Plastikdosen hat er bereits eine Auswahl fertiger Steinchen abgefüllt, deren fröhliche Regenbogenfarben mit der bunten Transparenz der gläsernen Miniblüten »millefiori« aus Murano wetteifern. »Diese Scheibchen können für Mosaike verwendet oder als Verzierungen in Lampen und Kunstglasfenster eingeschmolzen werden.«

Besonders stolz ist Alessandro auf sein großes Angebot an Kunstglasscheiben in leuchtenden Farben. Das Sortiment reicht von gefärbtem Kathedralglas über mundgeblasenes Ornamentglas bis zum marmorierten Opalescentglas, das er aus Deutschland importiert. »Das Herstellungsverfahren ist sehr aufwendig. Man lässt in die geschmolzene Glasmasse auf einer Art Laufband Metallpulver einrieseln, und so entstehen die charakteristischen Farbschlieren.« Wer meint, alles über das Kunsthandwerk zu wissen, lernt bei Artemarcia das Staunen.

Adresse Via l'Aquila 18, 00176 Rom (Pigneto), Tel. +39/06-95226124, www.artemarcia.com, info@artemarcia.com | **ÖPNV** Zug FC1, Bahnhof Ponte Casilino, Bus 81, 105, 105L, 412, 810, Haltestelle Ponte Casilino | **Öffnungszeiten** Mo–Fr 9–18 Uhr, Sa 9–13 Uhr | **Tipp**
Das ehemalige Proletarierviertel Pigneto wurde in wenigen Jahren zu einem kulturell und künstlerisch lebendigen Bezirk. Heute ist die verlotterte »borgata« der 1960er Jahre, in der Pasolini seinen ersten Film drehte, lebendiges Zentrum der römischen »Movida«.

12 Arteomete

Spitze an römischen Hälsen

Der Maler Cesare Vecellio, ein Verwandter des großen Tizian, verfasste 1591 ein Musterbuch der Spitzenstickerei, »Corona delle nobili et virtuose donne«, nach dem die Spitzenstickerinnen von Burano die Kragen der reichen Venezianer verzierten. 400 Jahre später stehen diese feinen Schnörkel Modell für die handbedruckten Stoffe einer römischen Kunstmalerin. Sabrina Lumicisi schmückte im Laufe ihrer künstlerischen Karriere Italiens Villen, Kirchen und Theater mit ihren filigranen Renaissancemalereien.

»Für meine Fresken wählte ich die Werke großer Meister wie Raffael und Leonardo da Vinci und gab sie originalgetreu wieder. Dabei verwendete ich nur die antiken Materialien wie Grundierungen aus Hasenleim und Temperafarben aus natürlichen, mit Eigelb vermischten Pulverpigmenten.« Bevor sie das Gemälde auf den Putz brachte, füllte sie große Papierbögen mit Proben und Perspektiven und schrieb sich die Rezepte ihrer Farbmischungen auf.

So birgt heute ihr bezauberndes Atelier in Trastevere einen wahren Schatz an Skizzen und Gemälden, die der Künstlerin reichlich Material für ihre neue Leidenschaft bieten: die handbedruckten Stoffe. »Am Anfang dekorierte ich Tischdecken aus Leinen und Seide mit den Motiven meiner Fresken und Keramikmalereien wie etwa dem reich dekorierten Fußboden der ›Cucina‹ im ›Santuario di Santa Caterina‹ und Raffaels Blumengirlanden aus der Loggia von Amor und Psyche in der Villa Farnesina.«

Bei einem Blick in das umfangreiche Musterbuch der Spitzenstickerei kam sie dann auf die Idee, die feinen Schnörkel auf Schablonen zu übertragen, um damit Vorhänge, Tagesdecken und vor allem Seidenschals zu bedrucken. »Meine Kunden können zwischen den fertigen Stoffen wählen oder die Farben und Motive der Drucke selbst aussuchen.« So verziert Sabrina 400 Jahre nach dem Maler Cesare Vecellio erneut die Kragen ihrer Kunden mit den Motiven der venezianischen Spitzenstickerei.

Adresse Vicolo del Cinque 32, 00153 Rom (Trastevere), Tel. +39/06-68136624, Handy +39/348-2727416, sabrina.lumicisi@gmail.com | **ÖPNV** Bus 23, 125, 280, Haltestelle Lgt Sanzio/Trilussa | **Öffnungszeiten** Mo–Fr 14–19 Uhr, vormittags & Sa–So nach Verabredung | **Tipp** Die Villa della Farnesina ist einer der schönsten Renaissancebauten Italiens. Bemerkenswert sind Raffaels Fresken, die Logen und die wunderschöne Garten-anlage. Heute ist die Villa Sitz der Accademia dei Lincei (Via della Lungara 230, 00165 Rom, www.villafarnesina.it).

13 Le Artigiane

Unter einem Dach

»Le Artigiane« ist die Geschichte einer Freundschaft, der Leiden-schaft für weibliche Kreativität und des Traums, die fähigsten Meis-terinnen der Handwerkskunst unter einem Dach zu vereinen. Livia Carchella und Bruna Pietropaoli begannen ihr gemeinsames Aben-teuer 1999 mit einer Internetseite und der Idee, das weiblich ge-führte und ausgeübte Handwerk Italiens zu vernetzen. In wenigen Jahren wuchs ihre Datenbank auf über 8.000 Unternehmen an. So wagten sie den nächsten Schritt, die Produkte dieser Betriebe nicht nur im Internet, sondern auch in den großzügigen Verkaufsräumen mitten in der historischen Altstadt anzubieten.

»Die weibliche Kreativität bringt oft wunderbare, originelle Dinge hervor, die wir in einem angemessenen Ambiente zur Gel-tung bringen wollen.« Unter dem charakteristischen Glasdach des zweistöckigen Open Space können nun seit 2010 die Künstlerinnen dem Team von Le Artigiane den Verkauf ihrer Artikel anvertrauen oder am eigenen Stand ihre Kreationen vor Ort anfertigen. »Die Stände wechseln sich wöchentlich ab. Dadurch können die unter-schiedlichsten Meisterinnen ihre Produkte vorstellen, und unser Angebot erneuert sich ständig.«

Tagtäglich belebt sich ihr außergewöhnliches Geschäft mit ver-trauten Stammkunden und neugierigen Touristen, die zwischen den Tischen mit massiven Travertinschalen und hauchzarten Glasschüs-seln umherstreifen, verrückte Hütchen oder asymmetrisch geschnit-tene Jacken vor dem Spiegel anprobieren oder bewundernd den Meisterinnen bei ihrer kreativen Arbeit über die Schulter schauen. Daneben organisieren Livia und Bruna zahlreiche Ausstellungen, Kurse und kulturelle Events: »Wir haben ein breit gefächertes An-gebot an Kursen, vom Cake Design und Aquarell über Pappmachee und Mosaik bis zur Möbelrestaurierung.« Mit Erfolg vereinen die zwei Freundinnen von Le Artigiane italienische Handwerkskunst und internationalen Kulturaustausch unter einem Dach.

Adresse Via di Torre Argentina 72, 00186 Rom (Rione Pigna), Tel. +39/06-68309347, www.leartigiane.it, info@leartigiane.it | **ÖPNV** Bus 62, 64, 81, 87, Haltestelle Argentina | **Öffnungszeiten** Mo–So 10–19.30 Uhr | **Tipp** Der »Largo Argentina« verdankt seinen Namen dem päpstlichen Zeremonienmeister Johannes Burkard, der 1481 im Gefolge des Bischofs von Straßburg nach Rom kam. In der Via del Sudario erbaute er ein Haus und einen Turm, der Torre Argentina genannt wurde, nach der Heimat Burkards (»Argentoratum« ist der lateinische Name für Straßburg).

14 Artigianino

Ein Herz für buntes Leder

Im hektischen Treiben der Via Appia Nuova, eingeklemmt zwischen Kaufhäusern und Boutiquen, liegt ein winziger Laden, den der zerstreute Passant erst dann bemerkt, wenn er bereits vor dem Schaufenster steht. Seit 23 Jahren stellen hier Alessia und Davide ihre kunterbunten Lederwaren mit dem unverwechselbaren Markenzeichen »Artigianino« her. »Unsere Taschen und Accessoires tragen im Innern das Siegel Vera Pelle und auf der Vorderseite unsere stilisierte Lochzange, die für Qualität und eine lange Lebensdauer steht.«

Bereits an der Ladentür schlägt dem Kunden der wohltuende Duft echten Leders entgegen, der ihn auch begleiten wird, nachdem er mit seinem Neuerwerb das Geschäft verlassen hat. Denn Alessia und Davide verwenden nur hochwertiges, durchgefärbtes Leder aus der Toskana, das sie zu robusten Taschen, Gürteln und Geldbeuteln in vielen Modellen und Farbkombinationen verarbeiten. »Wir legen großen Wert auf Qualität und geben ein Jahr Garantie auf unsere Produkte.«

Der Laden ist bis auf den letzten Zentimeter gefüllt mit den unzähligen phantasievollen Artikeln aus weichem Leder in einer endlosen Farbpalette: von klassischem Braun über gewagtes Rot und Orange bis zum sommerlichen Violett und Türkis. Sollte das gewählte Modell nicht in der Lieblingsfarbe vorhanden sein, ist dies für Alessia kein Problem. Gemeinsam mit dem Kunden sucht sie das Leder in dem gewünschten Ton heraus, und wenige Tage später ist die persönlich gestaltete Lieblingstasche fertig.

Die Idee, gekonntes Kunsthandwerk mit unschlagbaren Preisen zu kombinieren, führte zum verdienten Erfolg: Artigianino konnte weitere Filialen eröffnen und letztes Jahr sogar den Schritt zum Franchising wagen. Doch auch wenn die bunten Lederwaren mit der stilisierten Lochzange in den großen Einkaufsstraßen der Stadt zu haben sind, ist der winzige Laden an der hektischen Via Appia Nuova seinen Stammkunden ans Herz gewachsen.

Adresse Via Appia Nuova 187, 00182 Rom (Appio), Tel. +39/06-7018330, www.artigianino.com, servizio.clienti@palumaprogetti.com | **ÖPNV** Metro Linie A, Haltestelle Re di Roma | **Öffnungszeiten** Mo–Sa 9–13 & 15 20 Uhr | **Tipp** Weitere Boutiquen von Artigianino: Via Appia Nuova 133, 00182 Rom (Appio), Tel. +39/06-60673479, Mo–Sa 10–13.30 & 16–19.30 Uhr; Vicolo Dè Cinque 49, 00153 Rom (Trastevere), Tel. +39/06-88971430, Mo–Sa 11–13.30 & 16–24 Uhr; Via Edoardo Jenner 41, 00151 Rom (Monteverde), Tel +39/06-31052950, Mo 15.30–20 Uhr, Di–Sa 9.30–13 & 15.30–20 Uhr.

15 Aseq
Sammelplatz der Götter

Die Nähe zum Pantheon kommt nicht von ungefähr. Vor fast 2.000 Jahren weihte Kaiser Hadrian diesen Tempel den Göttern des Römischen Reiches, und vor fast 38 Jahren widmeten vier Freunde gleich daneben eine Buchhandlung den Religionen der ganzen Welt.

Seitdem sammeln Edoardo, sein Geschäftspartner Luca und die Ehefrauen Marina und Bruna unermüdlich Literatur über die Fragen der Menschheit nach dem Ursprung des Daseins und dem Sinn des Lebens. Die Antworten der fünf großen Weltreligionen wie auch zahlloser anderer Glaubensrichtungen und Philosophien haben sie in über 35.000 Werken zusammengetragen und damit unendliche Regalfluchten bis zur Decke aufgefüllt. Zwischen den Bücherbergen an den Wänden, auf den Ablagen und selbst auf dem Fußboden bleibt kaum noch Platz für den handgezimmerten Ladentisch und den Sessel, in dem sich die vier Freunde in ruhigen Momenten zum Lesen zurücklehnen. Ein wahres Meer von Titeln – doch Edoardo hat das Ruder fest im Griff: »Rechts neben dem Eingang stehen die Bücher über den Islam, daneben die indische Literatur, links haben wir den Buddhismus, von Siddhartha Gautama in Indien über Tiantai in China, dem Dalai Lama in Tibet bis zu Nichiren in Japan. Auch der Meditation haben wir ein ganzes Regal gewidmet.«

Hinduismus, Christen- und Judentum, der antike Götterglaube Nordeuropas, Esoterik, Alchemie und sogar Magie – über jedes Thema kann man hier ein Werk finden und hat oft die Wahl zwischen dem günstigen Taschenbuch und der elegant eingebundenen Erstausgabe. »Manche Bände sind sehr alt und wurden von den Verlagen längst aus dem Katalog genommen. Wenn ein Kunde nach so einem seltenen Buch sucht, bin ich besonders stolz, wenn er bei uns fündig wird.«

Die Römer der Antike und die vier Freunde von Aseq haben es erkannt: Rom ist der richtige Ort, an dem die Fragen der Menschheit nach dem Sinn des Lebens eine Antwort finden können.

Adresse Via dei Sediari 10, 00186 Rom (Rione Sant'Eustachio), Tel. +39/06-6868400, www.aseq.it, info@aseq.it | **ÖPNV** Bus 30, 70, 81, 87, 116, 186, 492, 628, C3, Haltestelle Corso Rinascimento | **Öffnungszeiten** Mo–Sa 10–19.30 Uhr | **Tipp** Gleich neben der Buchhandlung liegt die von Borromini 1642 erbaute Barockkirche Sant'Ivo alla Sapienza. Im schönen Innenhof finden im Sommer Konzerte statt (Corso del Rinascimento 40, Tel. +39/06-6864987, www.sivoallasapienza.eu, Kirche: So 9–12.30 Uhr, Juli & Aug. geschlossen, Konzerte: www.interensemble.org.).

16 _ B > Gallery Cafè
Theke, Treppe, Tonnengewölbe

Das wuchtige Papstwappen über dem Kirchenportal beherrscht den Platz. Den anderen Gebäuden bleibt keine andere Wahl, als sich verschüchtert zu ducken und in respektvoller Bewunderung zu erstarren. Doch so viel Ehrerbietung macht müde, und darum stellt die kleine Kunstgalerie auf der gegenüberliegenden Seite einfach zwei bequeme Ledersessel vor die Tür. Wer sich schließlich sattgesehen hat und neben geistiger Nahrung auch körperliche Stärkung braucht, kann gleich sitzen bleiben. Vor zwei Jahren haben Daria, ihre Schwester Claudia und Gino in der Galerie eine kleine Bar eingerichtet und laden lächelnd zur wohlverdienten Pause ein, vom Frühstück bis zum Abendschoppen.

Mit seiner schlichten Einrichtung und den weiß getünchten Wänden strahlt das Lokal kreative Gelassenheit aus. Man kann an seinem Cappuccino oder Aperitif nippen und den Blick über Fotografien und Manifeste schweifen lassen, dabei eine der bereitgelegten Zeitungen lesen oder in einem der Fotobände blättern, die Claudia und Daria neben alten Reiseführern und anderen kuriosen Gegenständen in die Nischen gestellt haben. Manche Exemplare gibt es in keinem Verlag mehr, man kann sie nur noch hier erstehen – ein gelungener Kauf. Wie auch die originellen Stehlämpchen, Telefone und Mixer aus den 1960er Jahren.

Eine versteckte Treppe neben der Theke führt schließlich in das frisch restaurierte Untergeschoss mit dem schönen Tonnengewölbe. »In unserer Galerie dreht sich alles um Fotografie und kontemporäre Kunst«, erzählt Gino, »Claudia ist Fotografin und Daria Bühnenbildnerin. Bei der Suche nach ausgefallenen Räumen für Events und Kunstausstellungen stießen wir auf dieses Lokal mit dem antiken Kellergewölbe – genau das richtige Ambiente. «

Die drei jungen Künstler haben es erkannt: Ihre Schlichtheit und lebendige Kreativität ist die beste Antwort auf das gebieterische Papstwappen über dem Kirchenportal von Santa Cecilia.

Adresse Piazza di Santa Cecilia 16, 00153 Rom (Trastevere), Tel. +39/3384032623, www.bgallerycafe.com, bgallerycafe@gmail.com | ÖPNV Bus 23, 44, 280, Haltestelle Lungotevere Ripa, Tram 8, Haltestelle Piazza Mastai | Öffnungszeiten Mo–So 8–24 Uhr | Tipp Die Basilika Santa Cecilia aus dem 9. Jahrhundert ist einen Besuch wert: mittelalterlicher Glockenturm, begrünter Vorhof, Barockfassade und die anmutige Marmorstatue der Heiligen Cäcilia, Patronin der Kirchenmusik, unter dem Hauptaltar (www.santacecilia.org).

17 __ Le Bambole

Puppen, Masken, Spieluhren

Wenn die alte Puppe die Augen verdreht, das Armband reißt oder die Spieluhr klemmt, sollte man bei Eliana und Gianni vorbeischauen, bevor man das gute Stück in den Mülleimer wirft.

Seit 25 Jahren repariert das Paar Puppen, Schmuck und mechanisches Spielzeug. Dazu haben die beiden jede Menge Krimskrams gekauft und ihre kleine Werkstatt in ein Sammelsurium der Kuriositäten verwandelt. Vergoldete Bilderrahmen, Lampen, Modeschmuck, Masken, Broschen, Puppen und sogar Krippen – das kreative Chaos aus Kitsch und Nostalgie füllt den kleinen Raum und das überladene Schaufenster bis auf den letzten Quadratzentimeter. Gianni hilft seinen überforderten Kunden, sich in den vollgestopften Regalen zu orientieren, zieht aus dem Durcheinander bemalte Schachteln, verzierte Broschen und aufwendige Spieluhren. »Einige importieren wir aus Deutschland, doch die meisten habe ich selbst gebaut. Jede Spieluhr hat ein Thema: Der neapolitanische Talisman, der Schriftsteller, die Schneiderin …«

Hinten in der Ablage steht eine ganze Bücherwand in Miniaturausgabe. Wenn er seine Kunstwerke aufzieht, fängt die Miniaturwelt zu tanzen an. Während er aus einem anderen Fach dekorierte Schachteln holt, erzählt er: »Meine Frau malte für ihr Leben gern, und ich war begeisterter Hobbybastler. 1988 habe ich meinen Beruf aufgegeben, um mit ihr dieses Abenteuer zu wagen.« Gemeinsam basteln sie nun alles, was ihnen gerade durch den Kopf geht, und kombinieren dabei die abenteuerlichsten Techniken und Stile. So entsteht aus einer einfachen Holzschachtel durch bemaltes Pappmachee und aufgeklebte Schreibfedern ein originelles Federetui.

Ein Besuch allein reicht nicht aus, um all die Schätze zu entdecken, die sich in diesem wundersamen Laden aufhäufen. Man sollte daher nicht warten, bis die nächste Puppe die Augen verdreht, um wieder bei Eliana und Gianni hereinzuschauen.

Adresse Via Luca della Robbia 20, 00153 Rom (Testaccio), Tel. +39/06-5756895, www.lebambole-testaccio.it, elianaegianni@hotmail.com | **ÖPNV** Bus 121, 719, 673, Haltestelle Galvani/Della Robbia, Tram 3, Haltestelle Marmorata/Galvani | **Öffnungszeiten** Mo 16–19.30 Uhr, Di–Sa 9–13 & 16–19.30 Uhr, zur Vorweihnachtszeit auch So | **Tipp** Wenige Meter entfernt, in der Via Marmorata 15, liegt die 1928 erbaute Feuerwehrkaserne mit dem Museum über die Geschichte der Feuerwehr. Der Eintritt ist frei, man muss aber reservieren (Tel. +39/06-5746808, www.museovfroma.altervista.org, museoromavf@vfdcf.it).

18___Bar San Calisto
Stürmisch im Frühling

Sobald im Frühling die Sonne durch die Wolken bricht, stürmen die Römer die Tische vor den Lokalen der Stadt. Dabei meiden sie wohlweislich die eleganten Straßencafés, in denen livrierte Kellner für einen Cappuccino stolze vier Euro kassieren, und setzen sich lieber vor die unauffälligen Espressobars in den Nebenstraßen.

Auch die Bar San Calisto ist so ein Treffpunkt für Eingeweihte. Weder die Nähe zur bekannten Piazza Santa Maria in Trastevere noch das Revival, das der Stadtteil in den letzten Jahren erlebte, konnten dem Lokal seinen unkomplizierten Charme nehmen. Die etwas ramponierten Tischchen hinter den wild bewachsenen Blumenvasen sind bis auf den letzten Platz von zeitunglesenden Rentnern, diskutierenden Studenten, erschöpften Touristen und verschrobenen Künstlern besetzt. Aufgedrehte Kinder kämpfen mit tropfenden Eistüten neben grell geschminkten Diven, die gestenreich von ihrer glorreichen Vergangenheit erzählen – Fellini hätte hier Material für einen Film gefunden.

Aus diesem sonnigen Chaos taucht man in das Halbdunkel der seit den 1970er Jahren unveränderten Bar. In den Edelstahl-Eiskübeln im Tresen mit der altmodischen Holzverkleidung gibt es seit eh und je dieselben Eissorten. Das Eis schmeckt, und der Preis ist unschlagbar: Wo findet man heute noch eine Eistüte für einen Euro? Inhaber Marcello Forti hat seine Gründe: »Als ich 1969 die Bar übernahm, lebten hier nur einfache Handwerker und ein paar Lebenskünstler. Ich möchte, dass auch heute die Nachbarn gerne bei mir reinschauen, um ihren Espresso an der Theke zu trinken oder sich mit ihrer Tasse draußen hinzusetzen. Jeder freut sich, dafür keinen Aufpreis zahlen zu müssen, und kommt gerne wieder.«

Marcello ist zufrieden und hat nicht die Absicht, daran etwas zu ändern. So wird er sich auch in Zukunft darüber freuen, dass an einem strahlenden Frühlingstag Roms Sonnenanbeter die Tische vor seiner Bar stürmen.

Adresse Piazza San Calisto 3, 00153 Rom (Rione Trastevere), Tel. +39/06-5835869, fabrizio.toto@libero.it | **ÖPNV** Tram 8, Haltestelle Belli | **Öffnungszeiten** täglich 6–2 Uhr | **Tipp** In der nahe liegenden Via dell'Arco di San Calisto 43 liegt, zwischen zwei Gebäuden eingezwängt, das kleinste Haus Roms. Es besteht aus zwei Stockwerken, einer kleinen Außentreppe und einem Marienaltar neben der Eingangstür.

19 Beppe e i suoi Formaggi
20 Jahre Mittelalter

Die mittelalterlichen Gässchen um den Portikus der Octavia sind der ideale Ort für einen Landwirt aus dem Piemont und seinen Käse wie anno dazumal. Beppe Giovale wuchs mit seinen sechs Brüdern inmitten von Bergweiden, Kühen und Käseformen auf. Seine Familie eroberte mit ihren Milchprodukten den italienischen Norden und sogar das Nachbarland Frankreich. Gemeinsam zogen die Brüder von Messe zu Messe, sammelten Erfahrungen und Kontakte und bauten ihr erstklassiges Netz der gastronomischen Exzellenz auf.

Vor drei Jahren war es dann so weit: Beppe und Ehefrau Juliette packten Koffer und Käseformen, renovierten den Laden im ehemaligen Ghetto und eröffneten ihren Feinkostladen Beppe e i suoi Formaggi. Der schwere Duft und das reiche Käsesortiment in der endlosen Theke regen die Phantasie und den Appetit an, doch die Wahl fällt nicht leicht. »Wir stellen unseren Käse ausschließlich aus frischer Rohmilch her. Die Kuhmilch stammt aus eigener Zucht, für die Schafs- und Ziegenmilch haben wir vertrauenswürdige Lieferanten. Dieser ›Giallina‹ ist dem Parmesankäse ähnlich, unser Frischkäse ›Robiola‹ aus Kuh- und Ziegenmilch zerläuft auf der Zunge und entwickelt sein volles Aroma, wenn man ihn in einer Folie im Ofen erhitzt.«

Juliette versteht sich auf ausgewogene Käseplatten und überraschende Hauptspeisen, die sie, begleitet von einem guten Wein, im Restaurant nebenan serviert. »Der Wein muss sich dem Käsearoma anpassen. Das ist nicht immer leicht. Wir verkaufen einen uralten Schafskäse, der 20 Jahre reifen muss und einen so starken Nachgeschmack entwickelt, dass man dazu nur einen Passito trinken kann – oder gar einen Whisky.« In den Regalen steht alles, was man zum vollen Genuss einer Käsespezialität benötigt: Edle Weine, französische Leberpastete, knuspriges Brot und andere Leckereien von Herstellern aus ganz Europa, die mit Beppe eins gemeinsam haben: die Liebe zum Essen wie anno dazumal.

Adresse Via Santa Maria del Pianto 9a/11, 00186 Rom (Rione S. Angelo), Tel. +39/06-68192210, www.beppeeisuoiformaggi.it, info@beppeeisuoiformaggi.it | **ÖPNV** Tram 8, Haltestelle Arenula/Cairoli | **Öffnungszeiten** Di–Sa 8.30–24 Uhr (die Küche schließt um 22.30 Uhr), So 9–17 Uhr | **Tipp** Viele Straßenzüge des alten Ghettos mussten den Befestigungswällen am Tiber weichen, Aquarelle davon kann man im »Museo di Roma« besichtigen (www.museodiromaintrastevere.it).

20 __ Bibliothè

Ayur bedeutet Leben

Wenn ein Italiener und eine Amerikanerin Kunst und indische Philosophie mit gesunder Ernährung verbinden, wird die Welt ein bisschen besser.

Der Schlüssel zum Glück liegt in der Via Celsa, nicht weit vom Verkehrslärm der Piazza Venezia. Gedämpfte Atmosphäre und ein Hauch von Meditation umgeben diese besondere Bibliothek. Philosophie, Psychologie und Spiritualität, Yoga, Ayurveda und vegetarische Ernährung, dazu Reiseliteratur, Musik und Film – wer Indien kennenlernen oder seine Kenntnisse vertiefen möchte, bekommt eine Mitgliedskarte ausgestellt und kann sich in die Lektüre stürzen.

Neben den Bücherregalen bietet der Raum auch reichlich Platz für Vorlesungen und Ausstellungen, denn Enzo Barchi und seine Frau Trina Boyer lieben die kreative Verbindung von Kunst und Literatur. »Als wir das Kulturzentrum im Jahr 2000 eröffneten, wollten wir den Römern die Kultur des alten Indien nahebringen. Wir organisierten Kurse für Sanskrit und bauten nach und nach unsere Bibliothek auf. Doch Kultur besteht nicht nur aus Grammatik und Theorie, man muss sie auch erleben und anfassen können.«

Bibliothè wurde zum Treffpunkt von Künstlern, Dichtern und Philosophen. Professoren wie Studenten, Globetrotter und Tagträumer teilen hier ihre Liebe zu Indien. Für konsequente Vegetarier wird ab Mittag in dem kleinen Restaurant aufgetischt. Auf dem Menü stehen Spezialitäten aus der indischen und italienischen Tradition, leckere Nachspeisen und selbst gebackener Kuchen. Nachmittags wird Tee in silbernen Kännchen serviert, und wer seinen Lieblingstee lieber zu Hause aufbrühen möchte, kann ihn hier auch kaufen.

Wenn es um Kochkultur geht, ist Trina ganz in ihrem Element: »Ayur bedeutet Leben, veda Wissenschaft. Das Gleichgewicht der ayurvedischen Ernährung ist mir sehr wichtig: Daher gelten in meiner Küche drei Regeln: frische Zutaten aus biologischem Anbau, Achtsamkeit bei der Zubereitung und Dankbarkeit.«

Adresse Via Celsa 4, 00186 Rom (Rione Pigna), Tel. +39/06-6781427, www.bibliothe.net, infobibliothe@libero.it | **ÖPNV** Bus 30, 40, 46, 62, 64, 70, 81, 82, Haltestelle Argentina, Tram 8, Haltestelle Venezia | **Öffnungszeiten** Mo–Sa 11–23 Uhr | **Tipp** An der nahen Piazza del Gesù liegt die beeindruckende Barockkirche Chiesa del Gesù mit einem wundervollen Deckenfresko von Giacomo della Porta.

21 La Bottega dei sapori e dei saperi della legalità

Bittersüße Freiheit

Pio La Torre hatte den Sprung von der Peripherie Palermos bis ins römische Parlament geschafft. Dort kämpfte er für ein freies Italien, in dem die Mitgliedschaft in der Mafia bestraft und illegal erworbenes Vermögen beschlagnahmt werden konnte. La Torre bezahlte seinen Mut mit dem Leben, noch bevor sein Gesetz in Kraft trat. Am 30. April 1982 wurde er erschossen; erst fünf Monate später hatte Italien endlich eine Waffe im Kampf gegen die organisierte Kriminalität.

Die konfiszierten Besitztümer der Mafiabosse wurden den Kooperativen des von Pfarrer Don Ciotti gegründeten Verbandes »Libera Terra« anvertraut, und so entstand in den Regionen Sizilien, Kalabrien, Apulien und Latium ein legaler, von der Mafia befreiter Wirtschaftskreislauf.

Nicht weit vom Parlament eröffnete schließlich der erste Antimafia-Laden, der im Namen des ermordeten Pio La Torre seit sieben Jahren den kriminellen Organisationen mit seinen legalen Spezialitäten den Kampf ansagt. In schlichten Holzregalen stehen Tomatenkonserven aus Apulien, Wein aus Sizilien und Olivenöl aus Kalabrien neben Mozzarella aus Kampanien und Honig aus dem Piemont, rigoros aus biologischem Anbau und von unschätzbarem Wert.

»Libera Terra steht für Zivilcourage und Solidarität«, sagt Geschäftsführer Franco Piersanti. »Nur durch legale Alternativen kann man die kriminellen Organisationen schwächen.« Franco weiß, dass er mit seiner Überzeugung nicht allein steht. 1.500 Vereine haben sich zum Verband »Libera« zusammengeschlossen und setzen sich dafür ein, den kriminellen Teufelskreis der Mafia zu sprengen, indem sie vor allem bei der jungen Generation das Rechtsbewusstsein fördern. »Jeder noch so kleine Beitrag bringt uns ein Stück weiter.« So ist jegliches Marmeladenglas, das den Weg von Palermos Peripherie in den kleinen Laden nahe dem römischen Parlament schafft, ein weiterer Schritt in das von Pio La Torre erträumte mafiafreie Italien.

Adresse Via dei Prefetti 23, 00187 Rom (Rione Campo Marzio), Tel. +39/06-69925262, www.liberaterra.it, articolo1coop@libero.it | **ÖPNV** Bus 81, 117, 119, 628, Haltestelle Corso/Chigi | **Öffnungszeiten** Mo–Sa 10–13.30 & 15.30–19.30 Uhr | **Tipp** »Libera« organisiert Sommercamps, in denen junge Freiwillige in den konfiszierten Bauernhöfen und Betrieben arbeiten und mehr über das Phänomen Mafia erfahren können (Tel. +39/06-69770335, www.libera.it, estateliberi@libera.it).

22 La Bottega del Cioccolato

Schwarzbraun vor Rot

Eingeklemmt zwischen den protzigen Bauten des Risorgimento und der antiken Mauer zu den Kaiserforen, bewahren die engen Gässchen und mittelalterlichen Häuschen des Viertels Monti ihre ureigene römische Identität. Heute trifft man hier auf eine bunte Mischung alteingesessener Anwohner, zugereister Studenten und abenteuerlustiger Touristen auf Besichtigungstour.

In diesem Kaleidoskop alter und moderner Bars, staubiger Trödelhändler und exklusiver Designershops lädt ein kleiner Laden zur süßen Pause ein: La Bottega del Cioccolato. Als der Maître Chocolatier Maurizio Proietti vor 20 Jahren sein Fachgeschäft für Schokoladenträume eröffnete, brachte er neben dem Enthusiasmus auch die Rezepte mit, die ihm sein Vater Marcello übermittelt hatte. Zusammen mit Ehefrau Sylvie planten sie die elegante Einrichtung aus dunklem Holz, die golden erleuchteten Glasvitrinen und den Tresen für Maurizios verführerische Leckereien aus conchierter Schokolade und kandierten Früchten.

»Die Einrichtung im piemontesischen Stil des 19. Jahrhunderts ist dem großen Maître Chocolatier Carlo Enrico Cuniberti gewidmet, dem mein Vater und ich unser Wissen und unsere Liebe zur Schokolade verdanken. Hier trifft das tiefe Schwarzbraun des puren Kakaos auf das dunkle Rot der Leidenschaft.« Maurizio stellt seine traditionellen Pralinen wie vor 120 Jahren her und lässt sich dabei von Sylvie und auch von seinen Kunden zu immer neuen Kombinationen inspirieren. So hat man die Auswahl zwischen dem zarten Nougat des »gianduiotto«, den gerösteten Nüssen der »baci«, dem feurigen Kirschlikör des »liquore« und der zart schmelzenden Kastaniencreme des »tartufo«. Für Verliebte gibt es Schokoladenherzen mit Widmung, zum Fasching dekorierte Schokoladenmasken. Frisch gestärkt von dieser süßen Pause lässt es sich dann mit Maurizios liebevoll verpackten Kreationen beschwingt in das bunte Treiben des antiken Viertels Monti zurückkehren.

Adresse Via Leonina 82, 00184 Rom (Rione Monti), Tel. +39/06-4821473, www.labottegadelcioccolato.it, maurizio.proietti@labottegadelcioccolato.it | **ÖPNV** Metro Linie B, Haltestelle Cavour, Bus 75, 117, Haltestelle Cavour/Annibaldi | **Öffnungszeiten** Mo–Sa 9.30–19.30 Uhr, Dez. Mo–So 9.30–19.30 Uhr | **Tipp** Monti ist das älteste Stadtviertel Roms. Während im oberen Teil wunderschöne Adelsvillen lagen, war der untere Teil »Subura« (»unter der Stadt«) ein überbevölkertes und brandgefährdetes Armenviertel. Um die darunterliegenden Kaiserforen vor den Bränden zu schützen, wurde eine hohe Mauer errichtet, die noch heute in der Via Tor de Conti sichtbar ist.

23 La Bottega del Soldatino
Husaren und Beduinen

Ihre flachen Zinnkörper und akkuraten Uniformen ließen unzählige Kinderherzen höherschlagen und eroberten bereits im 16. Jahrhundert die Kinderzimmer Deutschlands und des gesamten Kontinents. Selbst gekrönte Häupter konnten sich ihrem Charme nicht entziehen; so überhäufte etwa Katharina die Große ihren Sohn Peter III. mit einer derartigen Menge silberner Miniheere, dass dieser ein eigenes Schloss nur für seine Sammlung bauen ließ.

In Rom versorgt die Familie Antonini seit über 100 Jahren die treuen Anhänger dieses unvergänglichen Miniaturspielzeugs. »1910 erstand mein Großvater Francesco in Leipzig die ersten Aluminiumformen«, berichtet Lorenzo, der heute das Kunsthandwerk der Familie weiterführt. »Er goss preußische Soldaten und englische Infanteristen, Husaren und Beduinen, Cowboys, Indianer und sogar eine komplette Krippe samt Engel und Komet. Bald darauf gravierte er auch eigene Formen, und seine osmanischen und italienischen Truppen waren ein großer Erfolg.«

Als die Miniaturhelden aus den Kinderzimmern in die Glasvitrinen passionierter Sammler marschierten, reicherte Luciano Antonini die schlichten Spielzeugsoldaten seines Vaters mit originalgetreuen Details an und kreierte wahre Meisterwerke im Miniaturformat, die noch heute von Enkelsohn Lorenzo hergestellt werden. Jede Figur setzt sich aus mehreren Teilen zusammen und wird mit feinsten Pinseln bemalt. Das beeindruckende Ergebnis kann man in Ablagen und vor allem in der goldgerahmten Glasvitrine bewundern, die den kleinen Laden wie ein Ölgemälde schmückt. Dort thronen die stolzen Kamelreiter der ägyptischen Expedition Napoleons in farbenfroher und lebensnaher Pracht auf ihren majestätisch dahinschreitenden Tieren, von denen keines dem anderen gleicht. So lassen Antoninis Miniatursoldaten mit ihren perfekten Bleikörpern und akkuraten Uniformen noch heute unzählige passionierte Sammlerherzen höherschlagen.

Adresse Via Lago di Lesina 13, 00199 Rom (Trieste), Tel. +39/06-86213452, www.labottegadelsoldatino.it, info@ labottegadelsoldatino.it | **ÖPNV** Bus 63, 92, 168, 310, Haltestelle Nemorense/Crati, Metro Linie B1, Haltestelle Sant'Agnese/Annibaliano | **Öffnungszeiten** Mo – Fr 10.30 – 13 & 16.00 – 19.00 Uhr, Sa 10.30 – 13 Uhr | **Tipp** In der Via Salaria 275, wenige Kilometer entfernt, liegt Villa Ada, zweitgrößter öffentlicher Park in Rom nach Villa Pamphili. Im öffentlichen Bereich finden jeden Sommer Musikkonzerte statt, man kann Fahrräder ausleihen, Ruderboote und Reitponys mieten.

24 Caffè Letterario

Kunst mit einer Tasse Kaffee

Im Studentenviertel Ostiense gibt es ein ungewöhnliches Café. Über eine lange Rampe gelangt man in den großzügigen Open Space einer ehemaligen Garage mit gedämpftem Flair und orange-weiß leuchtendem Tresen. Dort kann man sich auf einen gestylten Barhocker schwingen oder in einem bequemen Sofa versinken, ein Schwätzchen halten oder ein Buch der städtischen Bücherei lesen.

Das Besondere an diesem Café erkennt man erst auf den zweiten Blick: die Designermöbel, vom bahnbrechenden Plastiksessel der 1960er Jahre bis zum aktuellen Plexiglastisch samt Stühlen. »In Wahrheit ist das Café ein großer Showroom, nur dass die ausgestellten Möbel dazu da sind, gelebt zu werden.« Vincenzo Pultrone, Architekt von Beruf und Gründer des Literaturcafés aus Berufung, hat es geschafft, den scheinbaren Widerspruch zwischen Profit und Kultur aufzulösen. Seit Langem hatte er in seinen Designmöbelgeschäften Kunstausstellungen organisiert und dabei von einem Ort geträumt, an dem Künstler, Musiker und Autoren kostenlos ihrem Publikum begegnen konnten. »Mir gefiel die Idee, dass jeder auf einen Kaffee hereinschauen kann und dabei zufällig einen interessanten Buchvortrag hört oder einen jungen Maler entdeckt.«

Die Idee gefiel nicht nur ihm, sie gewann auch einen Wettbewerb der Stadtverwaltung, und so eröffnete er 2003 sein Caffè Letterario samt Stadtbücherei und Bühne. Dort veranstaltet er nun kulturelle und politische Debatten, organisiert Kunstausstellungen und präsentiert junge Autoren, die ihre Bücher auch zum Verkauf in die Regale stellen dürfen. Der große Publikumsandrang ist gleichzeitig die beste Werbung für seine Möbel. Wer an den gestylten Barhockern oder bequemen Sofas Gefallen findet, kann sie bei Pultrone kaufen. »Dadurch bin ich selbst mein größter Sponsor«, merkt Vincenzo an und freut sich, denn so kann er in seinem ungewöhnlichen Café jedem Kultur für nur eine Tasse Kaffee bieten.

Adresse Via Ostiense 83, 95, 00154 Rom (Ostiense), Tel. +39/06-57302842, www.caffeletterarioroma.it, vincenzo.pultrone@caffeletterarioroma.it; Pultrone Arredamenti (Piazza Pio XI 26, 00165 Rom, Tel. +39/06-631007, www.pultrone.it, pultrone@pultrone.it) | **ÖPNV** Metro Linie B, Haltestelle Piramide, Bus 23, 271, 769, Haltestelle Ostiense/ Mercati Generali | **Öffnungszeiten** Di–Fr 10–2 Uhr, Sa–So 16.30–2 Uhr | **Tipp** Im Café befindet sich das »Bibliocaffè Letterario«, eine der 40 Stadtbibliotheken Roms (Tel. +39/06-45460712, opac.bibliotechediroma.it, bibliocaffe@bibliotechediroma.it).

25 __ Calzoleria Petrocchi
Juwelen auf dem Leisten

Das Gewirr der römischen Altstadtgässchen verbirgt noch heute wahre Juwelen der Handwerkstradition, die sich über die Generationen gehalten haben. Wenn man etwa aus der Via Giulia in das verwinkelte Vicolo Sugarelli einbiegt, stößt man auf eine kleine Werkstatt, in der noch immer der Meister seinen Kunden das Schuhwerk auf den Fuß zuschneidet.

Seit über 65 Jahren spannt die Calzoleria Petrocchi der besseren Gesellschaft den Schuh auf den Leisten und bekleidet die anspruchsvollen Füße berühmter Kinostars, traditionsbewusster Aristokraten und exzentrischer Neureicher mit dem feinen Leder seiner maßgefertigten Kunstwerke.

»Mein Großonkel Tito Petrocchi eröffnete 1946 seine erste Werkstatt gleich neben der Spanischen Treppe«, erzählt Daniela Ridolfi, die heute gemeinsam mit dem Schustermeister Marco Cecchi das Geschäft führt. »Die kreative Eleganz und akkurate Verarbeitung seiner Modelle brachten ihm die Anerkennung prominenter Persönlichkeiten wie Marlene Dietrich und Marcello Mastroianni ein und vor allem auch zahlreiche Aufträge von Theater- und Filmproduktionen. Die Sandalen von Kirk Douglas in *Die Fahrten des Odysseus* stammten aus unserer Werkstatt, und Robert de Niros Schuhe in *Es war einmal in Amerika* fertigte mein Vater Bruno persönlich an.«

Auch heute steht der Name Petrocchi für Qualität und Tradition. Marco nimmt unverändert Maß am Kundenfuß, fertigt danach den Leisten an und schneidet das Leder nach individuell angefertigten Vorlagen zu. Dabei kann der Kunde Form, Modell und Lederart selbst auswählen. Ob klassischer Herrenschuh oder knallrote Schnürsandale: Marco ist für alles gerüstet und das Endresultat stets ein Unikat, das sich perfekt dem Fuß anpasst und seinem Besitzer jahrzehntelang erhalten bleibt – ein guter Grund für Petrocchis Stammkunden, noch immer im Gewirr der römischen Altstadtgassen den Weg zu diesem verborgenen Juwel der Maßschuhtradition zu finden.

Adresse Vicolo Sugarelli 2, 00186 Rom (Rione Parione), Tel. +39/06-6876289, www.calzoleriapetrocchi.it, daniela.ridolfi@libero.it | **ÖPNV** Bus 116, 116T, Haltestelle Banchi Vecchi/Pavone, Bus 46, 62, 64, 571, 916, Haltestelle Corso Vittorio Emanuele/Tassoni | **Öffnungszeiten** Mo–Fr 7.30–17.30 Uhr, Sa 9–13, So nach Vereinbarung |
Tipp Vicolo Sugarelli ist eine Querstraße der Via Giulia, die ihren Namen Papst Julius II. verdankt. Unter seinem Pontifikat wurde das verworrene mittelalterliche Stadtbild durch radikale Demolierung grundlegend verändert und größere Straßen und Plätze angelegt. Julius II. legte auch den Grundstein für den Neubau der Peterskirche.

26 La Cardellina
Eine Frage der Zeit

Die jungen Italiener der 1970er Jahre trugen ausgefranste Jeans, interessierten sich für Politik und packten ihre Bücher in die unentbehrliche »catana tolfetana«. Die traditionelle Ledertasche mit der Gürtelschnalle aus dem Dörfchen Tolfa überstand jede Strapaze, vom Uni-Sit-in bis zur InterRail-Fahrt quer durch Europa. Als jedoch der graue Berufsalltag die Träume der jungen Italiener einholte, verbannten sie das robuste Leder samt Fransenjeans und politischen Idealen in die Rumpelkammer.

Das große Comeback der damaligen Trends war allerdings nur eine Frage der Zeit, und so sind heute die 1970er Jahre wieder groß im Kommen. Die drei Freunde Chiara, Matteo und Enrico holten also die heiß geliebte Hängetasche ihrer Eltern aus der Vergessenheit in ihren frisch eröffneten Laden mit dem hübschen Namen: »La Cardellina« – der Distelfink, doch diesmal nicht nur im klassischen Braun, sondern in poppigen Farben und vielen Größen. Dazu stellten sie Schälchen und Salatbesteck aus glänzendem Olivenholz, zart duftende Naturkosmetik und die verschiedensten Leckereien aus ganz Italien in die schlichten Holzregale.

»Wir verkaufen hier nur Produkte aus biologischem Anbau wie aromatisiertes Olivenöl mit Rosmarin, Chili oder Orange aus dem Latium, Liköre aus Frosinone, Honig und Olivenpaste aus Süditalien. Die streicht man am besten auf geröstetes Brot oder auf eine ofenfrische ›foccaccia‹ aus der Pizzeria nebenan.«

Der Beschluss der drei Freunde, nach dem Abschluss an der Filmhochschule den Bioladen in Trastevere zu eröffnen, zeugt von ihrem großen Unternehmergeist. »Diese neue Erfahrung ist eine Herausforderung, und durch den Kontakt zum Publikum lernen wir jeden Tag, das Geschäft ein bisschen besser zu verwalten.« Die jungen Italiener von heute tragen ausgefranste Jeans, interessieren sich für Umwelt und Ernährung und packen nun ihre Bücher in die bunten Nachfahren der »catana tolfetana«.

Adresse Vicolo del Cedro 33, 00153 Rom (Trastevere), Tel. +39/06-92597964, www.lacardellina.com, info@lacardellina.com | **ÖPNV** Bus 23, 125, 271, 280, Haltestelle Farnesina/Trilussa | **Öffnungszeiten** So–Do 11–23 Uhr, Fr–Sa 11–24 Uhr | **Tipp** Wer ein bisschen Zeit und ein Auto zur Verfügung hat, sollte einen Ausflug in die wunderschöne Hügellandschaft um Tolfa machen und im Herbst Esskastanien sammeln.

27 La Casa delle Bambole Cesaretti

Ausgestreckte Puppenärmchen

Pierina zeigt dem jungen Mann die robusten Nähte an den Puppenarmen und zieht vorsichtig das frisch gewaschene Kleidchen darüber: »Nun kann deine Freundin beruhigt sein, dass ihr kleiner Liebling die nächsten Jahrzehnte schadlos überstehen wird.« Während sie liebevoll das winzige Jäckchen zuknöpft, betritt ein älteres Paar den Laden, sieht sich in dem fröhlichen Durcheinander von Puppen und Kinderspielzeug um und bleibt entzückt vor dem Glasschrank mit der kostbaren Puppensammlung stehen.

Seit Jahrzehnten führen Pierina und Angelo Cesaretti ihre außergewöhnliche Werkstatt und wissen aus Erfahrung, dass eine Puppe für ihren Besitzer mehr bedeutet als Stoff und Plastik. »Meine Kunden vertrauen mir ihre Kindheitserinnerungen an, und ich behandele sie mit aufmerksamer Fürsorge.« Manchmal kommt es allerdings vor, dass so ein geliebtes Wesen nicht abgeholt wird. Also wird es von Pierina adoptiert und zu der großen Familie von über 100 Puppen gesetzt, die den Passanten aus den Schaufenstern ihre Plastikärmchen entgegenstrecken.

Das Haus der Puppen Cesaretti kann auf eine lange Geschichte zurückblicken, die 1939 in der Manufaktur für Schaukelpferde und Puppen neben der Trajanssäule begann. Seit Pierina in den 1980er Jahren den Betrieb übernahm, sind unzählige kleine Patienten aus Porzellan, Stoff und Plastik durch ihre flinken Hände gegangen. Unermüdlich befestigte sie abgerissene Ärmchen, füllte erschlaffte Schaumstoffbäuche und verschönte zerzauste Puppenköpfchen mit neuem, flauschigem Haar, bis sie vor vier Jahren ihr geliebtes Geschäft in der Altstadt räumen musste. Erst Monate später fand sie vor dem Stadttor der Piazza del Popolo Asyl für ihre Puppenklinik; das geduldige Heer der Puppeneltern ist ihr treu hierher gefolgt, denn nur Pierina versteht es, mit ihren flinken Händen die Wunden ihrer kleinen Lieblinge zu heilen und ihnen zu einem langen Leben zu verhelfen.

Adresse Via Flaminia 58, 00196 Rom (Flaminio), Tel. +39/06-6790058, www.cesaretti-bambole.com, info@cesaretti-bambole.com | **ÖPNV** Bus 89, 490, 495, C3, M, Haltestelle Gianturco, Tram 2, 19, Haltestelle Ministero Marina | **Öffnungszeiten** Mo–Sa 16.30–19.30 Uhr (vormittags nur nach Termin) | **Tipp** Wenige Meter weiter liegt das Kindermuseum Explora, in dem Kindern die großen Themen der Gesellschaft (Wissenschaft, Medizin, Umweltschutz) spielerisch vermittelt werden (Museo dei Bambini, Via Flaminia 80/86, www.mdbr.it).

28 Casali Stampe Antiche
Grand Tour im Internet

»Die Kunstliebhaber nahmen Roms schönste Ansichten nach ganz Europa mit, und wir machen uns auf die Reise, um sie wieder zurückzuholen.« In wenigen Worten beschreibt Silvia die Leidenschaft der Familie Casali, die ihren Großvater 1932 dazu bewog, seine Buchhandlung ausschließlich alten Stichen zu widmen, und die auch Sohn Claudio und Tochter Alessandra nicht loslässt.

»Im 18. Jahrhundert wurden die Radierungen und Kupferstiche römischer Monumente in Alben gebunden und als Souvenirs verkauft. Die Kupferstecher hinterließen uns dadurch wertvolle Zeugnisse ihrer Zeit«, erklärt Silvias Mann Paolo. »Wir ersteigern diese Alben in den großen Auktionshäusern Europas, lösen die vergilbten Stiche heraus und säubern sie von altem Schmutz und Stockflecken.« Das Resultat kann man in den Glasvitrinen und Schubladen des gediegenen Ladens neben dem Pantheon bewundern. Mit feiner Linienführung und zarten Farben wird hier der faszinierende Kontrast zwischen dem Prunk der Bauwerke und dem bäuerlichen Flair der Plätze und Gassen festgehalten.

Von ihren zahllosen Europareisen hat die Familie Casali eine ansehnliche Sammlung alter Radierungen, Kupfer- und Holzstiche nach Hause gebracht. Dabei sind die wertvollen Nivellierarbeiten – eingravierte Silberplatten mit schwarzer Bleiverzierung – das absolute Highlight. »Unsere Stiche sind sehr wertvoll, doch auch wer über einen schmalen Geldbeutel verfügt, kann eine Vedute aus dem 17. Jahrhundert als Reproduktion erwerben.« Die schönsten Stücke werden nicht verkauft, sie kommen in die Privatsammlung der Familie. Damit sie dennoch der Allgemeinheit zugänglich bleiben, hat Sohn Claudio eine Website mit den Biografien und Werken bedeutender Kupferstecher wie Giuseppe Vasi und Giovanni Battista Piranesi eingerichtet. Die Familie Casali hat so einen Weg gefunden, Roms schönste Ansichten von zu Hause wieder auf die Reise in die ganze Welt zu schicken.

Adresse Geschäft am Pantheon: Piazza della Rotonda 81a, 00186 Rom (Rione Pigna), Tel. +39/06-6783515 & Filiale an der Engelsbrücke: Via dei Coronari 115, 00186 Rom (Rione Ponte), Tel. +39/06-6873705, www.casali.com, casali@casali.com | ÖPNV Bus 116, 116T, Haltestelle Santa Chiara, Bus 280, Haltestelle Lungotevere Tor di Nona/Rondinella | Öffnungszeiten Mo–Fr 10–13 & 14–19.30 Uhr, Sa 10–13 Uhr | Tipp Eine wertvolle Sammlung historischer Zeichnungen, Aquarelle und Stiche über das Rom des 16. bis 19. Jahrhunderts wird im Museo di Roma ausgestellt (www.museodiroma.it).

29 Castroni Ottaviano

Tor zur Welt

Bei Castroni Ottaviano findet der Araber sein Couscous, der Amerikaner sein Marshmallow-Fluff und der Schweizer sein Müsli. Seit 80 Jahren sind die Feinkostläden Castroni das römische Tor zur Welt und eine wahre Fundgrube internationaler Spezialitäten von absoluter Spitzenqualität. Der Gründer der Castroni-Dynastie Umberto lockte bereits 1932 in der Via Cola di Rienzo seine Kunden mit frisch gemahlenem Kaffee in den Laden; Tochter Giuseppina eröffnete 20 Jahre später die erste Filiale in der Via Ottaviano. Bald fügte sie den Delikatessen die Rösterei hinzu und hüllte die Nachbarschaft in den verführerischen Duft der frisch gerösteten Kaffeebohnen. Die Familie wuchs und mit ihr die Zahl der Feinkostläden Castroni.

In der Via Ottaviano lösten sich währenddessen die Generationen ab, und so sitzt heute Umbertos Enkelin Giancarla an der Kasse, während Massimiliano und Loredana, nun schon die vierte Generation, unermüdlich neue Kontakte knüpfen. »Wir sind ständig auf der Suche nach neuen Märkten und Produkten, mit denen wir unser reiches Sortiment erweitern können.« Ihren begehrten Kaffee lassen sie heute in Pomezia rösten und haben so mehr Platz für ihre schwindelerregende Auswahl an Tees, Salzen aus aller Welt, Gewürzen und Konfitüren geschaffen. Hinzu kommen zahlreiche Nudel- und Mehlsorten, getrocknete Früchte und die exotischen Spezialitäten aus Japan, China, Mexiko und Amerika. Der Überfluss an internationalen Leckereien macht jeden Griff in die beladenen Regale zur überraschenden Entdeckungsreise.

»Im Moment sind das feine Tibet-Salz, der russische Kusmi-Tea und der schlank machende grüne Kaffee sehr in Mode. Viele schwören auch auf die getrockneten roten Goji-Beeren, die das Immunsystem stärken und wahre Wunder bewirken sollen.« Vom Fan exotischer Rezepte bis zum nostalgischen Rombesucher aus Übersee öffnet Castroni mit seinen internationalen Spezialitäten jedem sein Tor zur Welt.

Adresse Via Ottaviano 55, 00192 Rom (Prati), Tel. +39/06-39723279, www.castroniottaviano.com, info@castroniottaviano.com | **ÖPNV** Metro Linie A, Haltestelle Ottaviano, Tram 19, Haltestelle Risorgimento, Bus 70, 180F, 291, 913, 982, 991, 999, Haltestelle Giulio Cesare/Ottaviano | **Öffnungszeiten** Mo–Sa 8.30–20 Uhr, So 11.30–20 Uhr | **Tipp** Die Filialen von Castroni sind praktisch in jedem Stadtviertel zu finden. Die Adressen kann man auf der Webseite der Castroni Group finden (www.castroni.it).

30__ Catello d'Auria
Fingerschutz und Paradestücke

Die feinen Römer des 19. Jahrhunderts trugen Pariser Mode aus englischen Stoffen und verzichteten dabei nie auf die eleganten Handschuhe aus Neapel. So pendelte der renommierte Handschuhmacher Catello d'Auria zwischen der Werkstatt in Neapel und seiner anspruchsvollen Kundschaft in Rom hin und her, bis er beschloss, ganz in die neue Hauptstadt zu ziehen.

1894 eröffnete er den Laden im schicken Einkaufsviertel an der Spanischen Treppe und stellte seine schönsten Kreationen aus weichem Nappaleder, edlem Samt und feinster Spitze in die eleganten Schaufenster. Im Innern empfing er seine noblen Kunden zwischen geschliffenen Barockspiegeln, maßgefertigten Möbeln in Türkis und Gold und 125 Schubladen hinter der Theke. Die Paradestücke seines reichen Handschuhsortiments hielt er in den gläsernen Auslagen zur Anprobe bereit.

Im Wandel der Zeit stieg der Handschuh vom unentbehrlichen Modeaccessoire zum gewöhnlichen Fingerschutz ab, doch die zeitlose Eleganz des feinen Handschuhgeschäfts überstand Krisen und Kriege und ging unversehrt von Generation zu Generation über. »Eine so gut erhaltene originale Einrichtung ist kaum noch zu finden«, berichtet nicht ohne Stolz der heutige Inhaber Alessio Ansuinelli. »Wir bekommen oft Besuch von Innenarchitekten und Designern, die sich von unseren Möbeln inspirieren lassen.«

Unter den glitzernden Kristalllüstern hat sich heute zu den traditionellen Handschuhen ein großes Sortiment von Strümpfen, Hüten und Taschen gesellt, doch d'Aurias gefütterte Pelzhandschuhe für kalte Winterabende, seine eleganten Samthandschuhe für den Frühlingsball und die schnittigen Autohandschuhe aus weichem Peccary-Leder liegen noch immer in den gläsernen Auslagen zur Anprobe bereit. Denn auch wenn die feinen Römer von heute längst nicht mehr nur Mode aus Paris und englische Stoffe tragen, verzichten sie noch lange nicht auf die eleganten Handschuhe von Catello d'Auria.

Adresse Via Due Macelli 55, 00187 Rom (Rione Campo Marzio), Tel. +39/06-6793364, www.guantidauria.it, info@guantidauria.it | **ÖPNV** Metro Linie A, Haltestelle Spagna, Bus 116, 116T, 117, 119, 590, Haltestelle Due Macelli/Capo le Case | **Öffnungszeiten** Mo 15–19.30 Uhr, Di–Sa 9.30–19.30 Uhr und Okt.–Febr. So 10.30–19.30 Uhr | **Tipp** Gegenüber dem Geschäft liegt das elegante Theater »Salone Margherita«, 1898 erbaut und 1905 im Jugendstil renoviert, in dem hauptsächlich Varieté, Kabarett und Musicals aufgeführt werden (www.salonemargherita.com).

31 Cereria Di Giorgio
Wachs, Phantasie und Engelsgeduld

Das riesige Werbeplakat ist kaum zu übersehen, doch wer hier neugierig vom Lungotevere abbiegt, muss geduldig suchen, um in der kleinen Seitengasse die Wachsfabrik Cereria Di Giorgio zu finden. Das versteckte Schaufenster lässt nicht erahnen, was den Besucher im Innern erwartet: helle, geschmackvoll dekorierte Räume, in denen ein farbenfrohes Heer von Wachskreationen seinen Duft verströmt.

Die Cereria Di Giorgio kann auf eine lange Tradition zurückblicken. Urgroßvater Giuseppe gründete 1908 die kleine Fabrik, die Roms Kirchen und den Vatikan mit Kerzen belieferte. Sohn Angelo landete Jahrzehnte später den großen Hit: die unverwüstliche »Heiligenlampe« für den Gottesdienst – ein Dauerbrenner, der es möglich machte, die Produktion vor die Tore Roms zu verlegen und die Räume in Trastevere für den Verkauf umzugestalten. Der wachsende Bedarf an Duftkerzen und Dekolichtern gab der Firma weiteren Auftrieb, und so steht heute im Geschäft ein reiches Sortiment an Kerzen, duftenden Ölen und Dekorationen aus eigener Produktion sowie aus aller Welt zum Verkauf.

Auch wenn die Firma Di Giorgio – inzwischen als Aktiengesellschaft – mehr als 5.000 verschiedene Artikel anbietet, bleibt sie doch fest in familiärer Hand, und das bereits in der vierten Generation. Um das Geschäft in Trastevere kümmert sich Urenkelin Diletta Di Giorgio. Mit erstaunlicher Geschicklichkeit gelingt es ihr, inmitten von Telefonaten, Bestellungen und E-Mails die Kundschaft strahlenden Lächelns zu empfangen. Auch Mitarbeiter Simone, seit Jahren ruhender Pol im Geschäft, geht mit unerschütterlicher Geduld jedem Wunsch nach, vom Lieblings-Täubchen der Klosterschwestern bis zur Duftkerze für die gestresste Managerin.

Diletta fasst das Familienmotto in wenige Worte: »In über einem Jahrhundert haben wir gelernt, dass man drei Dinge zum Erfolg braucht: Qualität, Phantasie und vor allem eine Engelsgeduld.«

Adresse Via San Francesco di Sales 85a, 00165 Rom (Trastevere), Tel. +39/06-68806060, www.cereriadigiorgio.it, negozio@cereriadigiorgio.it | **ÖPNV** Bus 23, 125, 271, 280, Haltestelle Lungotevere Gianicolense/Regina Coeli | **Öffnungszeiten** Mo–Sa 9–13.30 & 15–19.30 Uhr (im Sommer Sa nachmittags geschlossen) | **Tipp** In der Via San Francesco di Sales 5 befindet sich das städtische Kulturzentrum »Casa della Memoria e della Storia« über den Antifaschismus und den Zweiten Weltkrieg. Der Eintritt ist frei. Geöffnet von Mo–Fr 9.30–20 Uhr.

32 La Città dei Ragazzi

Das Jemandsland

Am Anfang nichts als Brache. Ein alter Bauernhof draußen vor der Stadt, mitten im Niemandsland. Da kam 1953 ein Monsignore, kaufte Hof und Ländereien und gründete die »Stadt der Jugendlichen« – »la Città dei Ragazzi«.

Schon seit Kriegsende hatte Monsignore John Patrick Carroll-Abbing die Jugendlichen von den Straßen der bitteren Nachkriegsjahre geholt, um ihnen in einem Kellerraum ein Dach über dem Kopf zu geben. Sein Traum war es, durch demokratische Selbstverwaltung aus vernachlässigten jungen Menschen solidarische Bürger zu machen. So baute er den Bauernhof aus und verwandelte ihn in eine autarke Stadt in der Stadt, der er sein ganzes Leben widmete. Er starb 2001, doch seine Ideen leben weiter. Noch heute teilen sich hier Flüchtlinge aus aller Welt und italienische Jugendliche aus Problemfamilien die Wohngemeinschaften, besuchen die Schule und erlernen einen Beruf. Noch heute ist die »Città dei Ragazzi« eine Probebank für das soziale Zusammenleben, eine Miniaturdemokratie mit selbst gewähltem Stadtrat, der gemeinsam mit den jungen Bürgern organisatorische und zwischenmenschliche Probleme löst. Überleben kann die katholische Stiftung »Opera Nazionale per le Città dei Ragazzi« dank Fördergeldern und Spenden.

Im Laufe der Jahrzehnte hat sich die Brachlandschaft der 1950er Jahre in ein Paradies mit Weinbergen, Olivenhainen, Nutzgärten und Weiden verwandelt. Die Produkte wie Olivenöl, Wein, Gemüse, frische Eier, Käse und Honig werden im ehemaligen Weinkeller verkauft. Während man seinen Einkauf im Wagen verstaut, kann es vorkommen, dass man einem ehemaligen »Bürger« begegnet, der seine Kinder durch die Straßen der Miniaturstadt führt und mit feuchten Augen erzählt, wie er unter der geduldigen Leitung von Monsignore Carroll-Abbing vom haltlosen Jugendlichen zum hoffnungsvollen jungen Menschen wurde, wie sich sein Leben vom Niemandsland in ein Jemandsland verwandelte.

Adresse Largo Città dei Ragazzi 1, 00163 Rom (Pisana), Tel. +39/06-656651, +39/06-65771326, www.oncr.it, info@oncr.it | **ÖPNV** Bus 808, Haltestelle Pisana/Città dei Ragazzi | **Öffnungszeiten** Mo–Sa 8.30–13.00 & 16–19.30 Uhr | **Tipp** Der hier gegründete Verband »Roma Bonsai« organisiert jedes Jahr im Oktober eine interessante Bonsaiausstellung (www.romabonsai.org).

33 La Civetta Vanitosa

Perlen ohne Grenzen

Bei bunten Perlen, mediterraner Phantasie und flinken Händen kennt Filomenas Kreativität keine Grenzen. Sie greift in das Meer glitzernder Glas- und Tonperlen, von denen die Fächer ihres kleinen Ateliers Civetta Vanitosa förmlich überquellen, und zaubert daraus ihre außergewöhnlichen Ketten.

Seit ihrem Entschluss, sich von der Maßschneiderei in die bunte Welt des Modeschmucks zu stürzen, hat sie in den letzten zehn Jahren aus ihren Streifzügen durch die Messen und Flohmärkte einen beachtlichen Schatz an Zubehör zusammengetragen, den sie nun nach Lust und Laune mit ihren eigenen Geschöpfen aus gehämmerter Bronze und farbenfroher Modellierpaste kombiniert.

Doch Filomena beschränkt sich nicht auf ihre eigenen Modelle, sie möchte ihre Liebe zur Bastelei auch mit anderen teilen: »Ich organisiere Kurse, in denen man die Techniken wie das Auffädeln der Perlen und die Verarbeitung der Modellierpaste lernen kann. Bei der Klimt-Technik etwa dreht man die Paste durch die Nudelmaschine, rollt die bunten Streifen auf und schneidet sie in feine Scheibchen, aus denen sich das charakteristische Mosaikmuster zusammensetzt. Zum Umhängen verwende ich aufgerollte Stoffstreifen alter T-Shirts.«

Für die Wahl der passenden Perlen und Steine können ihre Schüler in den Schachteln und Fächern des Ladens stöbern und sich dabei durch Filomenas einfallsreiche Ketten inspirieren lassen, die den Ladentisch und die vielen Glasvitrinen schmücken. Von der schlichten Perlenkette bis zur gewagten Komposition aus Bronze, Glas und Stoff hat man eine große Auswahl zu überraschend kleinen Preisen. Wer dann, passend zur schicken Kette, sein Outfit perfektionieren will, hat die Qual der Wahl zwischen verrückten Hütchen, bestickten Handtaschen und anderen Accessoires, die den winzigen Laden bis unter die Decke füllen. Denn auch wenn Filomena nur über beschränkten Raum verfügt, ist ihre Kreativität grenzenlos.

Adresse Via Satrico 12, 00183 Rom (Appio Latino), Tel. +39/06-70031206,
www.lacivettavanitosa.it, filomena.tolino@libero.it | **ÖPNV** Bus 360, 665, 828, Haltestelle
Satrico/Collazia | **Öffnungszeiten** Di–Sa 10–13 & 16–19.30 Uhr, So nur für Kurse |
Tipp Von der Via Lusitania kann man den Bus 218 nehmen und in den wunderschönen
Park »Appia Antica« fahren (Info Point: Via Appia Antica 58/60, www.parcoappiaantica.it).

34 Claude Lebet

Körper und ihre Saiten

Berühmte Konzertmeister aus aller Welt streichen mit ihren Bögen über die Saiten seiner Violinen und vertrauen ihm ihre kostbarsten Stücke zur Restaurierung an. In seiner geräumigen Werkstatt hinter dem Campo de' Fiori schnitzen, raspeln und schleifen Claude Lebet und seine Schüler Pietro, Tomasz und Piotr an den aufwendig gearbeiteten Bauteilen, die der Meister schließlich zusammensetzen und verleimen wird. Holzschnecken und Stege hängen wie Wäsche an quer durch den Raum gespannten Leinen, in den Regalen stapeln sich die Platten aus Fichten- und Ahornholz, aus denen Claudes geschickte Hände den sanft gewölbten Korpus seiner hölzernen Kunstwerke zaubern wird.

Doch eine Geigenwerkstatt ist mehr als nur geschnitztes Holz. Wer bei diesen delikaten Instrumenten den richtigen Ton treffen will, braucht ein feines Gehör und eine vertiefte Kenntnis der Harmonielehre. Daher schlagen Meister und Schüler oft in den Werken über klassische Musik nach, unter denen sich die Regale an den Wänden biegen. Claude Lebet ist die Liebe zur Musik in die Wiege gelegt. Seine Eltern gaben ihm Musikunterricht und legten Wert darauf, dass jedes ihrer vier Kinder ein Instrument beherrscht. Die berufliche Zukunft ihrer Sprösslinge sahen sie allerdings in der akademischen Laufbahn, Claude jedoch hatte anderes im Sinn. »Mit 17 riss ich aus, besuchte die Geigenbauerschule in Cremona und ging danach in die Lehre nach Stuttgart, Paris und New York.«

Zurück in der Schweiz machte er sich mit dem glasklaren Ton seiner Violinen in der Uhrenmetropole und Musikstadt La Chaux-de-Fonds einen Namen. Doch Claude Lebet wollte in den Süden. »1993 eröffnete ich meine erste Filiale in Rom, und wenige Jahre später zog ich ganz in die Ewige Stadt.« An die Wand hat er die Fotos all der weltberühmten Konzertmeister gehängt, die verklärt mit ihren Bögen über die Saiten seiner kunstvoll gewölbten Violinen streichen.

Adresse Vicolo delle Grotte 45, 00186 Rom (Rione Regola), Tel. +39/06-68804181, www.claudelebet.it, contact@claudelebet.com | **ÖPNV** Bus 116, 116T, Haltestelle Cancelleria, Tram 8, Haltestelle Arenula/Cairoli | **Öffnungszeiten** Mi–Sa 14.30–19.30 Uhr | **Tipp** An der nahen Piazza Capo di Ferro 13 liegt der »Palazzo Spada« mit seiner üppigen Renaissancefassade und der berühmten »Perspektive« im Innenhof: Die nach hinten kleiner werdenden Säulen suggerieren eine räumliche Tiefenerstreckung, die in Wirklichkeit gar nicht vorhanden ist. Heute befindet sich in dem Palast ein interessantes Museum (galleriaspada.beniculturali.it).

35 Maestro Ferdinando Codognotto

Gedanken ins Holz

An der ramponierten Glastür des restlos überfüllten Ladens klebt ein Zettel: »Bin in der Nähe – ruft mich an«. Ferdinando Codognotto, von allen liebevoll Maestro Codognotto genannt, hat keine festen Uhrzeiten, aber er ist immer erreichbar und vor allem immer zu einem Schwätzchen aufgelegt. Dafür stellt er seinen Regiestuhl und einen Hocker für sein Gegenüber auf den Gehsteig und redet munter drauflos.

Seit 1963 lebt er in Rom und ist hier fest verankert; seinen sympathischen venezianischen Akzent allerdings hat er nie verloren. Die Liebe zum Holz verdankt er seiner Kindheit in der Gärtnerei seines Vaters. Nach ein paar Jahren in Venedig, wo er die Kunstschule besuchte und die Holzschnitzerei lernte, zog es ihn 1963 nach Rom. Sein Talent war von Anfang an bei Künstlern und Kunstliebhabern geschätzt, und seine Holzskulpturen sind über die ganze Welt verteilt, doch der preisgekrönte Künstler selbst verlässt sein geliebtes Rom nie. »Ich bin überzeugter Anhänger der Kommunikation, hole mir im Dialog die Welt in den Laden und schnitze meine Erfahrungen und Gedanken ins Holz. Dieser Austausch funktioniert hervorragend!«

Seine hölzernen Pferdeköpfe aus kantigen Zahnrädern und glatten Halbkugeln, seine geometrischen Sonnen und abstrakten Pflanzen sind die perfekte Symbiose von Natur und Technologie, Realität und Phantasie. Maestro Codognotto erklärt seine Liebe zum Holz mit sehr poetischen Worten: »Unter allen Materialien ähnelt Holz dem Menschen am meisten. Es entstammt der Natur, und zur Natur führt es zurück. Auch nachdem ich ihm seine endgültige Form verliehen habe, verströmt es seinen Duft und seine pulsierende Lebendigkeit.«

Zum Dank für das anregende Gespräch verschenkt er gern auch mal eine seiner hübschen Holzsonnen zum Umhängen und freut sich auf ein baldiges Wiedersehen in seinem restlos überfüllten Laden voller pulsierender Lebendigkeit samt ramponierter Eingangstür.

Adresse Via dei Pianellari 14, 00186 Rom (Rione Sant´Eustachio), Tel.+39/3358240400, www.ferdinandocodognotto.com, maestro.codognotto@gmail.com | **ÖPNV** Bus 30, 70, 81, 87, 130F, 186, 492, 628, Haltestelle Senat | **Öffnungszeiten** Mo–Sa 10–19.30 Uhr (wenn nicht da, einfach anrufen!) | **Tipp** Wenige Meter weiter befindet sich die Basilika »Sant'Agostino in Campo Marzio«, eine der frühesten Renaissancekirchen Roms, mit ihrer Fassade aus dem Travertin des Kolosseums. Hier kann man Caravaggios »Madonna der Pilger« und Raffaellos »Fresko des Propheten Jesaja« besichtigen (Piazza di Sant'Agostino 80, täglich 7.30–12 & 16–19.30 Uhr).

36__La Coquetterie
Wäsche für alle fünf Sinne

Jede Frau hat ihre Tricks, um sich in dem schicken Tailleur, dem kleinen Schwarzen oder dem knackigen Lederrock so richtig sinnlich zu fühlen. Ob sie nun ihre Formen in einem verführerischen Netzbody oder im romantischen Spitzenkorsett zur Geltung bringen möchte: Bei La Coquetterie ist sie immer an der richtigen Adresse.

Valentina Landri ist selbst der größte Fan ihrer aufregenden Dessous, die sie bei den besten internationalen Herstellern und kreativen jungen Designern in New York, London und Paris aufstöbert. »Nach meinen Reisen waren die Koffer zum Platzen gefüllt mit Dingen, von denen die römischen Frauen nur träumen konnten. Also beschloss ich, ihnen den Traum zu erfüllen, und eröffnete mein erstes Geschäft bei der Ponte Milvio.« Das Interesse war groß; bald hatte ihre sinnliche Boutique eine begeisterte Stammkundschaft, die regelmäßig vorbeikam, um sich über die neuesten Trends zu informieren.

Schon ein Jahr später weihte Valentina einen zweiten Laden mitten im exklusiven Einkaufsviertel an der Spanischen Treppe ein. Die helle Einrichtung mit den weiß-rosa Streifen verleiht dem Geschäft ein verspielt ironisches Flair; so wird die Anprobe der reizvollen BHs, Korsetts und Bodys zum angenehmen Zeitvertreib. Valentina und ihre freundliche Kollegin Sara stehen ihren Kundinnen bei der Wahl der passenden Größe und Kombination zur Seite, geben stilbezogene und praktische Ratschläge und haben immer originelle Tipps bereit. Denn Sinnlichkeit ist mehr als nur ein Dessous. In den Auslagen liegt ein stimulierendes Sortiment bereit, das an einem aufregenden Abend zu zweit für die richtige Stimmung sorgt. Vom prickelnden Lipgloss über die appetitliche Körpercreme mit Karamellgeschmack bis zum essbaren Slip ist hier alles zu haben. So findet jede Frau ihre wunderbaren Tricks, durch die das schicke Tailleur oder der knackige Lederrock zum unvergesslichen Erlebnis der Sinne wird.

Adresse Via Flaminia Vecchia 465, 00191 Rom (Flaminio), Tel. +39/06-3335616 & Via della Croce 72, 00187 Rom (Rione Campo Marzio), Tel. +39/06-6797612, www.lacoquetterie.it, info@lacoquetterie.it | **ÖPNV** Bus 188, Haltestelle Ponte Milvio, Bus 301, 446, 911, Haltestelle Cassia/Ponte Milvio & Metro Linie A, Haltestelle Spagna, Bus 117/119, Haltestelle Corso/San Giacomo | **Öffnungszeiten** Mo 15.30–19.30 Uhr, Di–Sa 9.30–13 & 13.30–19.30 Uhr (Via Flaminia Vecchia) & Mo–Sa 10.00–19.30 Uhr, So 11.30–19.30 Uhr (Via della Croce) | **Tipp** Auf der Brücke Ponte Milvio hängen die Verliebten zur Erinnerung Schlösser an das Geländer. Inzwischen biegt es sich derart unter dem Gewicht, dass die Schlösser regelmäßig von der Polizei geknackt und entfernt werden müssen.

37__Il Cornettone
Wo die Nacht zum Tag wird

Es gibt einen Zeitpunkt, an dem die aus den Pubs und Diskotheken strömenden Studenten ihre Stadt den verschlafenen Straßenkehrern übergeben. Die einen brauchen ein warmes Hörnchen, bevor sie sich zu Hause in ihren Betten verkriechen, die anderen einen starken »caffè« vor ihrer Frühschicht. Alle kennen die Adresse: Il Cornettone in der Via Oderisi da Gubbio mit den neongelben Leuchtbuchstaben und der kahlen Einrichtung.

Die Bar ist sicher nicht wegen ihres einladenden Interieurs beliebt. Man parkt rigoros in zweiter Reihe – eine Angewohnheit, auf die der Römer nicht verzichten kann – und folgt dem unwiderstehlichen Duft von frisch gebackenen Hörnchen, der erahnen lässt, warum das taghell erleuchtete Lokal auch zu den exotischsten Uhrzeiten von Menschen förmlich überquillt.

»Als wir 1993 unsere Konditorei eröffneten, gab es einfach keine Alternative« – so der Inhaber Antonio Schini – »Hörnchen wurden um sechs Uhr zum Frühstück gebacken, nachts ging man schlafen und basta. Wir selbst waren ja jung und zogen bis in die frühen Morgenstunden durch die Lokale. Da war uns sehr bald klar: Nichts ist besser als ein heißes ›cornetto‹ mit Nutella, wenn man sich nach einer langen Nacht noch nicht von den Freunden trennen möchte.«

Natürlich backen Antonio und seine Mitarbeiter nicht nur Hörnchen. Das wäre im Rom der eingefleischten Bar-Frühstücker, wo jeder seinen Espresso speziell nach seinen Bedürfnissen serviert bekommt, unvorstellbar. Jede Stunde zieht er Bleche mit Gebäck aus duftendem Blätterteig aus dem Ofen. Sein berühmtes »cornetto« mit Kinderschokolade bleibt jedoch unschlagbar und wird nur durch den sahnestrotzenden »maritozzo alla panna« übertroffen. So stehen also die aufgekratzten Studenten neben den noch benommenen Straßenkehrern an der Theke und tunken ihr warmes »cornetto« in den dampfenden Cappuccino – ein Ritual, das für ein paar Minuten die römische Nacht mit dem Tag versöhnt.

Adresse Via Oderisi da Gubbio 215-221, 00146 Rom (Marconi), Tel. +39/06-5587922, www.ilcornettone.com, tony.cornettone@gmail.com | **ÖPNV** Bus 780, 781, Haltestelle Oderisi da Gubbio/Meucci | **Öffnungszeiten** Mo–Do 6.30–14 & 17.30–3 Uhr; Fr–Sa 6.30–14 & 19–5.30 Uhr; So 17.30–3 Uhr; So Vormittag geschlossen | **Tipp** Vor dem nächtlichen Cornetto kann man seinen Abend mit Freunden in den Lokalen von Testaccio und Ostiense verbringen oder sich einen Film im neuen Multiplexkino UCI Cinemas ansehen (Via Enrico Fermi 161, www.ucicinemas.it).

38 Designtrasparente
Glasklare Eleganz

»Complicare è facile, semplificare è più difficile. – Es ist einfach, etwas zu verkomplizieren, aber kompliziert, etwas zu vereinfachen.« In diesem Leitspruch des Künstlers und Grafikdesigners Bruno Munari liegt die Aufgabe des modernen Designs, die sich Francesca und Emiliano in ihrem Atelier Designtrasparente täglich stellen. Die klaren Formen ihrer Plexiglasmöbel sind das Ergebnis langjähriger akkurater Planung und einer perfekten Kombination von Phantasie und Sinn fürs Praktische: »Als Designer lieben wir das Spiel mit der unendlichen Palette von Farben und Formen, die dieses moderne Material bietet, und besitzen gleichzeitig die technischen Kenntnisse für eine fachgerechte Ausführung.«

Am Computer planen sie jedes Objekt bis ins kleinste Detail, biegen die vom Plotter geschnittenen Bestandteile in Form und setzen sie schließlich sorgfältig zusammen. Diese Mischung aus Industriedesign und Handwerk macht aus jedem Stück ein Serienprodukt mit persönlichem Schliff. Neben ihren kreativen Experimenten bei der Herstellung ist das Paar auch immer bereit, neue Verkaufsmethoden zu erproben. »Dank unserer Webseite sind wir nicht mehr an die vier Wände unseres Ateliers gebunden. Um den Kunden dennoch die Möglichkeit zu bieten, unsere Produkte vor dem Verkauf anzufassen, haben wir vor, in den großen Kaufhäusern unsere Corner mit Internetverbindung einzurichten.«

Diese Kostenersparnis für Magazin, Ausstellungsräume und Verkaufspersonal erlaubt es Francesca und Emiliano, sich ganz auf die Umsetzung ihrer Ideen zu konzentrieren und so aus einer anonymen Acrylplatte immer neue Gebrauchsgegenstände zu zaubern, von der minimalistischen Blumenvase bis zur Kristalltasche mit buntem Innenleben, vom glasklaren Wandboard bis zum weiß schimmernden Nachttischchen. Die klare und schlichte Eleganz der Produkte von Designtrasparente zeigt: Es muss nicht immer kompliziert sein, etwas zu vereinfachen.

Adresse Via Lorenzo Bonincontri 98, 00147 Rom (Ardeatina), Tel. +39/06-31056651, www.designtrasparente.com, info@designtrasparente.com | **ÖPNV** Bus 716, Haltestelle Annunziatella/Meropia, Bus 670, Haltestelle Meropia/Gigante | **Öffnungszeiten** Mo–Fr 9.30–13 & 15.30–18.30 Uhr | **Tipp** In der Nähe liegt die Via Appia Antica mit ihren Katakomben. Die »Calixtus-Katakombe« enthält unter anderem die Grabstätten von neun Päpsten und die Krypta der Heiligen Caecilia (Catacombe di San Callisto, Via Appia Antica 110/126, Bus 118, Catacombe S. Callisto, catacombe.roma.it).

39_DOL di Origine Laziale
Direkt vom Bauern

»Meine Produkte sind die perfekte Kombination von biologischer Vielfalt, Liebe zur Umwelt und dem Respekt antiker Traditionen.« Vincenzo Mancino, leidenschaftlicher Koch und überzeugter Verfechter italienischer Esskultur, beschloss vor zwölf Jahren, die Zutaten seiner Gerichte direkt beim Bauern zu besorgen, und machte sich auf die Suche nach den kleinen Betrieben im römischen Umland, die ihre Produkte noch mit traditionellen Methoden erzeugten.

»In Italien steckte die umweltbewusste Landwirtschaft noch in den Kinderschuhen. Biobauern waren in keinem Register aufgeführt, und von Webseiten konnte damals noch keine Rede sein. Also fuhr ich persönlich von Bauernhof zu Bauernhof, testete die Produkte und sprach mit den Bauern über das Futter ihrer Tiere und den Dünger ihrer Felder. Dadurch spornte ich viele kleine Betriebe an, mehr in Qualität zu investieren.«

Das Ergebnis seiner Mühen war ein beachtliches Sortiment hochwertiger Produkte, die er nicht mehr nur in seine Küche, sondern auch auf die Tische der Römer bringen wollte. Vor acht Jahren gründete er daher mit seinen Freunden Marina, Serenella, Gianfranco und Salvatore die Marke D.O.L., die für Qualität, minimale Produktionskette und Wahrung der regionalen Traditionen garantiert. In seinem liebevoll gestalteten Laden stehen Körbe voll Bohnen, Linsen und frischen Paprikaschoten vor den schwer beladenen Regalen mit Marmelade, Olivenöl, eingelegten Gemüsen und den vorzüglichen Weinen der »Castelli Romani«. Aus dem Glastresen verströmen der deftige »pecorino romano« neben dem raren »Conciato di San Vittore« und dem Kochschinken der »Monti Lepini« ihren würzigen Duft.

Mittags und abends bindet sich Vincenzo die Küchenschürze um und verwöhnt seine Gäste mit den Spezialitäten der römischen Kochtradition. Für seine köstlichen Gerichte hat er dabei stets dasselbe Geheimrezept: hochwertige Zutaten direkt vom Bauern und Liebe zur regionalen Esskultur.

Adresse Via Domenico Panaroli 35, 00172 Rom (Centocelle), Tel. +39/06-24300765, www.dioriginelaziale.it, dol@dioriginelaziale.it | **ÖPNV** Bus 412, 544, 558, Haltestelle Primavera/Robinie | **Öffnungszeiten** Mo – Sa 8.30 – 24 Uhr | **Tipp** An der antiken Konsularstraße Via Casilina liegen die bedeutenden Katakomben der Heiligen Marcellinus und Petrus. Zum Komplex gehören auch eine Basilika und das berühmte Mausoleum der Mutter Konstantins, die heilige Helena. Die reich mit Fresken biblischer Szenen ausgestatteten Grabkammern können nur samstags und sonntags besichtigt werden (www.duaslauros.it).

40 Dordas Flowers
Irische Bräute und Seerosenblätter

Hinter der schüchternen Sanftmut verbirgt sich ein Talent, von dem Efren Daniel Dordas lange selbst nichts wusste. Noch heute scheint der einfallsreiche Florist von dem großen Erfolg überrascht zu sein, den ihm seine Begabung einbrachte.

Der gelernte Krankenpfleger verließ nach seinem Diplom die Philippinen und machte sich in Rom auf die Suche nach einer Anstellung. Zehn Jahre lang arbeitete er als Hausdiener, weitere fünf als Hotelangestellter, lebte bescheiden und schickte so viel Geld wie möglich nach Hause. Manchmal half er, Pflanzen und Blumensträuße in den Konferenzräumen zu arrangieren, und stellte sich dabei auffallend geschickt an. »Als Kind band ich mit meiner Mutter die Bouquets für den jährlichen Abschlussball.«

Als dann eines Tages eine irische Braut im August heiraten wollte und vor geschlossenen Blumenläden stand, erkannte Daniel seine große Chance. Er kreierte Bouquet und Blumengestecke, rettete die Hochzeit und erntete den Dank seines Chefs. Darauf folgten kleine Aufträge und schließlich die Hochzeit einer Kollegin, die ihm das gesamte Blumenarrangement anvertraute. Der Durchbruch war geschafft; Daniel konnte sich selbstständig machen. In den acht Jahren seit der Eröffnung seines Ladens gleich hinter der Piazza Navona hat es Daniel weit gebracht. Wichtige Hotels und bekannte Lokale gehören zu seiner Kundschaft ebenso wie Designer und Stylisten. Die Ideen für seine kreativen Blumenskulpturen kommen ihm wörtlich im Schlaf: »Oft träume ich von einer bestimmten Farbe und suche am nächsten Morgen auf dem Markt die passenden Blumen heraus.« Der Rest ist pure Phantasie: blutrote Rosen ranken sich um knorrige Zweige, Efeukaskaden ergießen sich über Seegras, und bisweilen reicht eine weiße Rose auf einem schlichten Seerosenblatt für einen bezaubernden Tischschmuck. Wer einmal seine überraschenden Kreationen erlebt hat, weiß, warum Efren Daniel Dordas' Laden dermaßen floriert.

Adresse Largo del Teatro Valle 5, 00186 Rom (Rione Sant'Eustachio),
Tel. +39/06-68134967, www.dordasflowers.com, dordasflowers@gmail.com | **ÖPNV**
Bus 70, 81, 87, 186, 492, 628, Haltestelle Corso Rinascimento | **Öffnungszeiten** Mo–Sa
9.30–19.30 Uhr | **Tipp** Das 1727 erbaute »Teatro Valle« ist das älteste noch aktive Theater
der Stadt. Am 14. Juni 2011 besetzten Bühnentechniker, Dramaturgen und Schauspieler
das Theater aus Protest gegen die Kulturkürzungen der damaligen Regierung und bieten
nun ein abwechslungsreiches kulturelles Programm (www.teatrovalleoccupato.it).

41 Emporio delle Spezie
Hafen der Gewürze

»Emporium« hieß der antike Hafen am Tiber, über den Gewürze aus aller Welt in die Hauptstadt gelangten. »Emporio« heißt heute ein Geschäft, das sich auf bestimmte Waren spezialisiert hat.

Der kleine Laden mit dem verheißungsvollen Namen Emporio delle Spezie, den Arianna, Laura und Fabio seit vier Jahren leiten, liegt in der Nähe des antiken Hafens am Tiber und ist auf Gewürze aus aller Welt spezialisiert. Frische Peperoni aus Kalabrien, indische Kurkuma, Harissa aus Tunesien, schwarzer Tee aus China – über 130 Gewürze, Pfeffer aus der ganzen Welt und über 30 verschiedene Teesorten füllen den kleinen Raum mit ihrem schweren Duft und warten darauf, in den Küchen der Römer Einzug zu halten.

Neben prall gefüllten Säcken mit Bohnen und Linsen stehen Körbe voller Mandeln und Nüsse; die Regale sind bis unter die Decke mit kandierten Früchten, Mehl, Nudeln, Honig und Marmelade gefüllt. »Bei der reichen Auswahl und dem chronischen Platzmangel haben wir auf die großen Gläser verzichten müssen.« Laura hat viel Freude daran, ihren Kunden die Verwendung der Gewürze zu erklären, und tauscht gerne Erfahrungen und Rezepte aus. Alle neuen Ideen werden zu Hause getestet und die besten Vorschläge mit Wäscheklammern über die Kasse gehängt. Wer Lust hat, kann sich ein Rezept von der Leine nehmen.

Fabio erzählt, wie es zu diesem gemeinsamen Projekt kam: »Wir sind begeisterte Hobbyköche und immer bereit, mit neuen Gewürzen und Kombinationen zu experimentieren. Seit Jahren nehmen wir auch an kulinarischen Veranstaltungen teil und spielten schon länger mit der Idee, unser Hobby in einen Beruf zu verwandeln. Ein Restaurant wäre jedoch zu aufwendig gewesen, während wir den Laden gut neben unseren Hauptberufen verwalten können.«

Arianna, Laura und Fabio teilen sich Pflichten und Freuden, experimentieren mit Kräutern und Düften und verwöhnen ihre Kunden in ihrem kleinen Hafen der Gewürze.

Adresse Via Luca della Robbia 20, 00153 Rom (Testaccio), Tel. +39/3278612655, www.emporiodellespezie.com, info@emporiodellespezie.com | **ÖPNV** Bus 121, 719, 673, Haltestelle Galvani/Della Robbia, Tram 3, Haltestelle Marmorata/Galvani | **Öffnungs-zeiten** Mo–Fr 9–13.30 & 16–20 Uhr, Sa 9–14 & 16–20 Uhr | **Tipp** Während des Baus der Schutzwälle am Tiber wurden die Reste des antiken Hafens mit seinen mehrstöckigen Lagerhäusern wieder freigelegt und können vom Lungotevere Testaccio eingesehen werden.

42 Emporio Libreria Gusto
Kaufhaus der Genüsse

»Gusto« ist mehr als nur Geschmack. Es bedeutet Gefallen, Freude und Genuss. Ebenso ist das Markenzeichen »Gusto« nicht nur der Name der Restaurants samt Wine Bar, Café und Bäckerei, die sich um die Piazza Augusto Imperatore scharen, man kann es auch über der Ladentür eines besonderen Geschäftes finden, in dem sich alles um die Freuden der Kochkunst dreht: das Emporio Libreria Gusto.

In diesem »Kaufhaus der Genüsse« haben Marina und Marco alles zusammengetragen, was man sich in einer kreativen Küche nur wünschen kann. »Wir haben die besten Kochbücher ausgewählt und uns auf den Gastronomiemessen auf die Suche nach den Utensilien gemacht, die darin beschrieben werden.« Das farbenfrohe Heer der Kochbücher wartet nun neben polierten Edelstahlpfannen, gekrümmten Käsemessern und bunten Keramiktöpfen darauf, von Liebhabern der traditionellen römischen Küche und Anhängern der »Nouvelle Cuisine« durchgeblättert zu werden. Design und Ästhetik sind dabei zwar wünschenswert, aber nicht ausschlaggebend: »Die Utensilien müssen praktisch sein. Wenn etwas zwar schön aussieht, aber nicht funktioniert, kommt es bei uns nicht in den Laden.«

Bei der Entdeckungsreise durch diese fröhliche Explosion von Farben und Formen stößt man auf Marken des italienischen Designs wie Alessi und Ballarini sowie auf bedeutende internationale Namen wie KitchenAid und Silikomart. Damit die selbst gekochten Kunstwerke dann auch würdig auf den Tisch gelangen, darf das gute Tafelgeschirr nicht fehlen. Hier hält Gusto eine besondere Überraschung bereit: die ausgefallene Serie »Hybrid« von Seletti, in deren Tellern, Tassen und Schüsseln aus chinesischem Porzellan Orient und Okzident aufeinanderstoßen. Doch so unentbehrlich diese Utensilien in jeder Küche auch sind, sie müssen unweigerlich in den Hintergrund rücken, sobald der Duft einer dampfenden Lasagne den Genießer in seinen Bann zieht und der Gusto alle Sinne verzaubert.

Adresse Piazza Augusto Imperatore 7, 00186 Rom (Rione Campo Marzio), Tel. +39/06-3236363, www.gusto-libreria.com, info@ gusto-libreria.com | **ÖPNV** Bus 81, 590, 628, 926, C3, Haltestelle Augusto Imperatore/Ara Pacis | **Öffnungszeiten** So–Do 10.30–20 Uhr, Fr–Sa 10.30–21 Uhr | **Tipp** Das Geschäft befindet sich in einem der monumentalen Gebäudekomplexe, die Mussolini um das Mausoleum errichten ließ, nachdem er das mittelalterliche Stadtviertel einfach abgerissen hatte.

43 __ Enoteca Palombi

Vater und Sohn

Die Geschichte der Enoteca Palombi begann 1917, als Urgroßvater Orazio die Arbeiterfamilien in Testaccio mit Wein und Olivenöl vom Fass versorgte und ihnen in seiner urigen Schenke deftige »trippa alla romana« und feurig scharfe »penne all'arrabbiata« servierte. »Unter der schwarz-weiß gemaserten Marmortheke standen die Fässer, und Orazio füllte die Flaschen an den Zapfhähnen. Daneben bewahrte er die Eisblöcke auf, die er für die Eisschränke seiner Kunden mit Ahle und Hammer in Stücke hackte.«

Die Jahrzehnte vergingen, Orazio zapfte an, kochte und hackte, bis in den 1950er Jahren der elektrische Kühlschrank die Haushalte der Römer revolutionierte. Zuerst verschwanden die Eisblöcke, dann die Fässer unterm Tresen, denn die Römer wollten nur noch versiegelte Flaschen in ihren Vorratskammern. Orazio ging in Rente, Sohn Mario füllte die Regale mit erlesenen Weinen aus Italien und französischem Champagner und verwandelte die rustikale Gastwirtschaft seines Vaters in eine vortreffliche Vinothek.

Die Jahrzehnte vergingen, Sohn Mario übergab das Zepter an Enkel Orazio, und wieder einmal war die Zeit für radikale Änderungen reif. Orazio junior stellte zu den erlesenen Weinen Delikatessen aus dem Lazio und Bier aus Dänemark in die Regale und erweckte die alte Schenke zu neuem Leben. »In den 1990er Jahren war ich einer der ersten Importeure von Ceres Bier in Rom. Seitdem hat mein Sohn Mario von allen Enden der Welt über 500 Biersorten zusammengetragen, sieben zapfen wir hier frisch vom Fass an.«

Damit ihren Gästen das kühle Blonde nicht zu schnell zu Kopf steigt, sorgt die Familie Palombi für deftige Brotzeit in urigem Ambiente. In der rustikalen Schenke präsentiert Mario zur Happy Hour sein reichhaltiges Buffet und tischt die traditionelle »trippa alla romana« und die scharfen »penne all'arrabbiata« auf, die bereits sein Urgroßvater Orazio den römischen Arbeiterfamilien aus Testaccio servierte.

Adresse Piazza Testaccio 40, 00153 Rom (Rione Testaccio), Tel. +39/06-5746122, www.cibando.com/it/enoteca/oasi-della-birra, enopalombi@libero.it | **ÖPNV** Tram 8, Bus 3B, 23, 30, 75, 130F, 280, 716, Haltestelle Marmorata/Vanvitelli | **Öffnungszeiten** Mo–Sa 8–13.30 & 16.30–20 Uhr (Schenke: Mo–So 16–2 Uhr) | **Tipp** Zehn Minuten entfernt liegt der »Monte dei Cocci«, ein künstlicher Berg aus den Scherben der Tongefäße, die am antiken Tiberhafen von den Schiffen geladen wurden. Im Laufe der Jahrtausende haben die Römer kühle Lagerräume in den Berg gegraben, und noch heute kann man im Innern der Lokale die aufgeschichteten Scherben an den Wänden bewundern.

44__Ercoli 1928
Vom Kotelett zum Kaviar

1928 eröffnete Leonardo Ercoli seine Schweinemetzgerei neben dem »vinaio« und der Gemüsehandlung in der Via Montello und bediente die ersten Anwohner des neuen Stadtviertels »La Vittoria«. Drei Jahre später stellte Mussolini dem Metzger einen Rundfunkpalast direkt vor den Laden; nun versorgte Ercoli auch dessen Musiker und Moderatoren mit frischen Schweinekoteletts, würzigem Räucherschinken und Mortadella.

»Jahrelang war die Lizenz auf den Verkauf von Schweinefleisch beschränkt, bis Leonardo in den 1960er Jahren endlich sein Angebot erweitern durfte und sofort begann, Spezialitäten aus aller Welt einzuführen.« Alessandro Massari, Verwalter des erfolgreichen Unternehmens, erinnert sich gern an die Zeiten, als die Familie Ercoli ihre Kunden mit den ersten internationalen Leckereien begeisterte. »Wir begannen mit verschiedenen Käsesorten aus Italien und Frankreich und erweiterten nach und nach das Angebot um frisches Brot und Delikatessen wie Leberpastete und erlesene Weine.« Besonders stolz ist er dabei auf seinen Kaviar, den er seit 1986 direkt aus dem Iran einführt und unter dem Namen »Selezione Re Caviale« – »König Kaviar Auslese« – in ganz Italien vertreibt. »Bis vor wenigen Jahren reiste ich an das Kaspische Meer, um den Kaviar direkt aus dem Wildfang zu kaufen, doch heute ist der Stör vom Aussterben bedroht und daher ganzjährig geschützt. So kann ich nur noch Zucht-Kaviar importieren.«

Für anspruchsvolle Kunden hält Ercoli auch Ketakaviar, sizilianischen Thunfischrogen, sardische »Bottarga di Muggine« und Fischspezialitäten wie den geräucherten Wildlachs aus Kanada und Alaska bereit. »Das Lachsfleisch ändert seine Farbe je nach Ernährung. Je nördlicher der Fangort liegt, desto heller und zarter ist das Fleisch.« Mit seiner großen Weltoffenheit und dem sicheren Gespür für Qualität hat Ercoli den Sprung von der einfachen Metzgerei zur begehrten Feinschmeckeradresse Roms geschafft.

Adresse Via Montello 22–26, 00195 Rom (Della Vittoria), Tel. +39/06 3720243, www.ercoli1928.com, info@ercoli1928.com | **ÖPNV** Bus 186, 224, 280, 628, Haltestelle Oslavia Bainsizza | **Öffnungszeiten** Mo–Sa 7–20 Uhr; Restaurant: je nach Reservierung bis 22 Uhr | **Tipp** Im ehemaligen Warenlager befindet sich heute ein kleines Restaurant im Stil der 1930er Jahre, in dem man die Delikatessen und den erstklassigen Fisch kosten kann. Die öffentliche Hörfunkanstalt EIAR wurde unter Mussolini 1931 zu Propaganda-zwecken errichtet (RAI, Via Asiago 10, www.storiadellaradio.rai.it).

45___Farmacia Santa Maria della Scala

Der Papst, die Pest und Pflanzenmotive

Im Kloster »Santa Maria della Scala« brannten bereits im Jahre 1670 die barfüßigen Karmeliter ein begehrtes Destillat, das »acqua pestilenziale«, von dem sich die Bürger und der Klerus Roms Schutz vor der Pest erhofften. Die gelehrten Klosterbrüder pflanzten im eigenen Garten die Kräuter für ihre wundertätigen Branntweine und galenischen Heilmittel und avancierten sehr bald zum päpstlichen Hoflieferanten. Sie bewahrten die Zutaten in speziellen Sandelholzschachteln auf, zerkleinerten sie in Mörsern zu heilkräftigen Pulvern, destillierten sie zu Branntweinen oder pressten sie zu Pillen. Bruder Silvestro erfand hier »la cipria di Fra' Silvestro«, einen zart duftenden Talkpuder mit lindernder Melisse und Calendula.

In den 1920er Jahren überdachten die Ordensbrüder den Innenhof mit einer eleganten Jugendstilverglasung und verwandelten Hof und Kreuzgang in eine Apotheke. Als sie dann 1954 die Herstellung der Naturheilmittel einstellten und die antike »Spezieria« im ersten Stock schlossen, blieb die Apotheke im Erdgeschoss weiterhin in Betrieb.

Der heutige Inhaber Dr. Nicolfranco Pizzi erinnert sich: »Als meine Mutter 1979 die Apotheke übernahm, beschloss sie, die schöne Einrichtung unverändert zu lassen. Auch ich werde mich darauf beschränken, die elegante Marmorverkleidung des Kreuzgangs und die hübschen Pflanzenmotive in den Bögen zu restaurieren.« Tatsächlich haben die schöne Marmortheke, die den ehemaligen Kreuzgang ringsum abschließt, und die etwas ramponierte Glasdecke mit dem Ordenswappen, die den Raum in sanftes Halbdunkel taucht, nichts von dem dekadenten Charme der 1920er Jahre verloren. Die Einrichtung ist unverändert, doch die Zeiten ändern sich, und das antike Pest-Destillat ist heute nicht mehr aktuell. Bruder Silvestros linderndes Talkpulver ist jedoch immer noch sehr beliebt und wird weiterhin nach dem traditionellen Rezept in der Farmacia di Santa Maria hergestellt.

Adresse Piazza Santa Maria della Scala 23, 00153 Rom (Trastevere), Tel. +39/06-5806217, farmaciapizzi@hotmail.it | ÖPNV Bus 23, 125, 271, 280, Haltestelle Farnesina/Trilussa | Öffnungszeiten Mo−Sa 8.30−13 & 16−19.30 Uhr | Tipp Die antike Kloster-Apotheke mit ihrer original erhaltenen Einrichtung und den perfekt erhaltenen Geräten kann samstags besichtigt werden. Die Führung muss telefonisch reserviert werden (Padri Carmelitani Scalzi, Tel.+39/06-5806233).

46 La Fattoria degli Animali
Die Wüste lebt

Wer durch die Via di Castel Fusano fährt, begegnet Spaziergängern, Joggern und friedlich kauenden Dromedaren. Der unerwartete Anblick dieser exotischen Wüstenbewohner ist dem Unternehmungsgeist eines Tierliebhabers zu verdanken, der vor Jahren die treuen Gefährten des Menschen aus aller Welt in die römischen Pinienhaine holte.

Alles begann mit Gianfrancos Tiertransporten durch Europa. »Die Zoos tauschen zu Zuchtzwecken ihre Tiere untereinander aus. Meine Firma kümmert sich um den Transport, und so kenne ich Tiergärten in ganz Europa. Vor zehn Jahren wurde mir bewusst, dass die Menschen heute zu den Tieren, die ihnen über die Jahrtausende das Überleben ermöglichten, keinen Bezug mehr haben. Daher bat ich die Zoos, mir Exemplare jeder Haustierart abzutreten.«

Mit diesen Nutztieren aller Kontinente bevölkerte er seinen kuriosen Bauernhof, der jeden Besuch zur faszinierenden Entdeckungsreise macht. In den Gehegen trifft man afrikanische Strauße, südamerikanische Alpakas, Yaks aus dem Himalaya und asiatische Kamele an, während auf der Streichelwiese die heimischen Esel, Pferde und Schafe von aufgeregten Kinderhänden gefüttert werden. Gianfranco kennt den natürlichen Lebensraum jedes einzelnen Tieres und ist gerne bereit, davon zu erzählen: »Die robusten Pferde dieser großen ›Shire Horse‹-Rasse werden vor die englische Königskutsche gespannt. In Südamerika wurden bereits vor 5.000 Jahren Alpakas als Haustiere gehalten. Die Hörner der ostafrikanischen Watussirinder haben eine Spannweite von fast zwei Metern.«

Die Erzeugnisse aus Gianfrancos Bauernhof wie frisch geschorene Alpakawolle oder Straußeneier finden stets begeisterte Abnehmer, und oft werden seine geduldigen Tiere zu gut bezahlten Darstellern bei Spielfilmen und Krippenspielen, doch bleiben sie nie zu lang ihren vertrauten Gehegen fern. So begegnet man auch weiterhin im Pinienhain von Castel Fusano Gianfrancos nordischen Rentieren und friedlich kauenden Dromedaren.

Adresse Via di Castel Fusano 210, 00124 Rom (Ostia Antica), Tel. +39/06-5657284, www.parcofattoria.it, info@parcofattoria.it | **ÖPNV** Zug von Ostiense Richtung Lido di Ostia, Haltestelle Ostia Antica, dann Bus 014, Haltestelle Castel Fusano/Campeggio | **Öffnungszeiten** März–Dez. Mo–So 10 Uhr bis Sonnenuntergang, im Jan. und Feb. nur an Sonn- und Feiertagen | **Tipp** Die Via di Castel Fusano führt zur Burg von Papst Julius II. und den archäologischen Ausgrabungen von Ostia Antica (Via dei Romagnoli 717, www.ostiaantica.beniculturali.it).

47 Fincato

Ohne Reue durchs Rauchverbot

Der warme Hauch von Pfeifenduft weckt reumütige Erinnerungen an die Zeiten vor dem strikten Rauchverbot. In dem stilvollen Tabakladen aus den 1930er Jahren findet der Raucher ein großes Sortiment an Zigaretten, Zigarren und Pfeifentabak samt passendem Zubehör. Wer also auf die Schnelle seine bevorzugte Zigarettenmarke kaufen möchte, wird hier freundlich bedient und braucht sich nicht lange aufzuhalten. Wer allerdings Lust auf eine Entdeckungsreise in die Welt der Rauchkultur hat und ein bisschen Zeit mitbringt, wird von Emiliano Fincato nach oben geführt.

»Mein Vater baute 1971 die Räume im ersten Stock aus. Hier konnten seine Stammkunden entspannt in den bequemen Sesseln versinken, ihre Pfeife stopfen und sich beim Kauf beraten lassen.« In den 1970er Jahren übertrumpfte die Pfeife die Konkurrenz der Zigarren, und prominente Persönlichkeiten wie der Weltmeister Enzo Baerzot und der beliebte Staatspräsident Sandro Pertini gingen bei Fincato ein und aus. Vor allem Pertini kam oft auf ein Schwätzchen vorbei. »Einmal verkaufte er einem Kunden sogar eine Pfeife, ohne dass dieser ihn erkannt hätte, und amüsierte sich dabei köstlich.«

In den dezent erleuchteten Glasvitrinen stehen fein geschnitzte Meerschaumpfeifen neben robusten Pfeifen aus Bruyère-Kirschbaum- und Olivenholz und wertvollem Calabash. Fincato führt internationale Marken aus Dänemark, England und Frankreich und wertvolle Einzelstücke wie die eleganten Wurzelholzpfeifen von Ascot. Im anliegenden Raum werden die charakteristischen Holzschachteln mit den begehrten kubanischen und toskanischen Zigarren hinter einer Glaswand sicher verwahrt. Dabei darf ein edler Tropfen nicht fehlen, und so stehen auch die besten Whiskey- und Cognacmarken aus Europa und sogar Japan zum Verkauf. Denn bei Fincato kann selbst das strengste Rauchverbot dem Kenner nicht den reuelosen Genuss seiner bevorzugten Zigarre oder Pfeife nehmen.

Adresse Via Colonna Antonina 34, 00186 Rom (Rione Campo Marzio),
Tel. +39/06-6785508, www.fincatolacasadelhabano.com, info@fincatolacasadelhabano.com |
ÖPNV Bus 81, 117, 119, 628, Haltestelle Corso/Chigi | Öffnungszeiten Mo 15.30–
19.30 Uhr, Di – Sa 10 –14 & 15.30–19.30 Uhr | Tipp Wenige Meter entfernt liegt der
»Palazzo Montecitorio«, seit 1871 Sitz der Abgeordnetenkammer des italienischen Parla-
ments. Jeden ersten Sonntag des Monats kann er ohne Reservierung besichtigt werden.

48 Food on the Road
Haute Cuisine am Schreibtisch

Wer sagt eigentlich, dass die schnelle Mittagspause nicht mit dem Hochgenuss für anspruchsvolle Feinschmeckergaumen vereinbar ist? Daniela und Barbara stellten sich genau diese Frage und beschlossen, die Haute Cuisine auf die Schreibtische der Römer zu bringen und ihnen mit erstklassigen Zutaten, leckeren Rezepten und schonender Zubereitung den langen Arbeitstag bekömmlich zu machen. Sie kochten, brutzelten, kombinierten bewährte Dauerrenner mit überraschenden Neuheiten und stellten schließlich ihr Menü zusammen.

Mit dem treffenden Slogan und einer poppigen Webseite konnte es Anfang 2011 losgehen. »Unsere mobilen Spezialitäten fanden sofort begeisterte Anhänger, und nach wenigen Monaten wurde uns der begehrte Preis *Foodics 2012* verliehen.« Der Erfolg überzeugte sie, den Schritt ins Verwaltungsviertel EUR zu wagen, wo unzählige Angestellte bei öligen Pommes und tristen Biosuppen von Food on the Road und seiner erstklassigen Küche nur träumen konnten.

In dem hellen Lokal mit der schlichten Holzeinrichtung liest sich die Speisekarte wie reine Poesie: »Knusprige Teigtaschen mit frischem Atlantik-Lachs und Biokartoffeln, einem Hauch von Paprika und delikater Tomatensoße.« Besonders lecker ist das preisgekrönte »panino carbonara« mit gebratenem Speck und zartem Eigelb, das vakuumverpackt bei niedrigen Temperaturen gekocht wird. Die Verpackungen können kompostiert werden, die kleinen Aufkleber klären auf einen Blick, was der Inhalt verbirgt – Fleisch, Fisch, Gemüse, glutenfrei, laktosefrei – und zu trinken gibt es Wasser direkt aus der Leitung: »Roms Trinkwasser ist von hervorragender Qualität und die kostenlose Alternative zum teuren Mineralwasser.« Ein leckeres Tiramisu mit Zitronenlikör und Pistaziencreme und der starke »Espresso Imperioso« bilden den glorreichen Abschluss einer schnellen Mittagspause, die bei Food on the Road zum Hochgenuss für Feinschmeckergaumen befördert wird.

100% recycled

Adresse Via del Serafico 161, 00142 Rom (EUR), Tel. +39/06-94537211, www.foodontheroad.eu, amministrazione@foodontheroad.eu | **ÖPNV** Bus 716, Haltestelle Annunziatella/Meropia, Bus 670, Haltestelle Meropia/Gigante | **Öffnungszeiten** Mo–Sa 8–21 Uhr | **Tipp** Das moderne Verwaltungsviertel EUR wurde unter Mussolini für die Weltausstellung von 1942 angelegt, die wegen des Krieges nicht stattfand. Mussolini ließ protzige Repräsentationsbauten und das »Museum der Römischen Zivilisation« bauen, von den Römern »Colosseo quadrato« genannt (Museo della Civiltà Romana, Piazza Giovanni Agnelli 10, 00144 Rom, www.museociviltaromana.it).

49__La Fornace di Magda Nica

Perlen, Plättchen, Glastentakel

In der Via dei Coronari zeugen zahlreiche Antiquitätenhändler von verstaubter Vergangenheit und mittelalterlichen Pilgerströmen. Nur ein kleines Schaufenster macht da eine schillernde Ausnahme: In ihre Welt voller phantasievoller Skulpturen, Vasen, und buntem Glasschmuck lädt Magdalena Nica die Passanten zum Verweilen ein. Die gebürtige Rumänin und Wahlrömerin entdeckte ihre Liebe zum Glas in den rumänischen Glasbläsereien, deren Produkte sie nach Italien importierte. »Fasziniert beobachtete ich, wie die zähflüssige Masse zu den unglaublichsten Formen erstarrte, und beschloss, in Italien diesen schönen Beruf zu erlernen. Ich studierte Kunstgeschichte und begann, mit dem Glas zu experimentieren.« Bald eröffnete sie ihre kleine Werkstatt samt Brennofen und Geschäft und lässt hier ihrem Talent nun freien Lauf.

»Die Verbindung von Farben und Materialien ist eine wahre Herausforderung, vor allem das Zusammenspiel von Glas und Metall. Da die beiden Materialien unterschiedlich auf Temperaturschwankungen reagieren, kam es anfangs vor, dass eine Vase auf einmal zersprang oder Risse bekam. Ich musste viel an meiner Technik arbeiten, doch heute kann sich das Ergebnis sehen lassen.«

Ihre Kreationen sind lebendige Experimente. Metallplättchen brechen das durchscheinende Licht der Glasvasen in 1.000 Farben, transparente Glastentakel ranken sich um bunte Schalen, glitzernde Glasperlen reihen sich zu abenteuerlichen Ketten. Alles in dem kleinen Laden strahlt pure Lebensfreude aus. Wer sich zum Verkauf verführen lässt, ist von den günstigen Preisen überrascht, denn die preisgekrönte Künstlerin möchte mit ihren kleinen Kunstwerken Liebhaber jeder Alters- und Einkommensklasse erfreuen. Magda Nica und ihre Glasbläserei lieben es eben, der verstaubten Vergangenheit der Via dei Coronari neues Leben einzuhauchen.

Adresse Via dei Coronari 136, 00186 Rom (Rione Ponte), Tel. +39/06-6869651, Facebook: Magda Nica, magda_nica@hotmail.com | **ÖPNV** Bus 280, Haltestelle Lungotevere Tor di Nona/Rondinella | **Öffnungszeiten** Mo–Sa 10–19.30 Uhr | **Tipp** Ein Spaziergang durch die Via dei Coronari (hier verkauften zahlreiche Händler den Pilgern die Rosenkränze für den päpstliche Segen) sollte mit dem Besuch der Engelsburg gekrönt werden (Castel Sant'Angelo, Lungotevere Castello 50, Tel.: +39/06-32810, www.castelsantangelo.com).

50 Forno Campo de' Fiori

Ein Bäckermeister macht Schule

Rosciolis Bäckerei am Campo de' Fiori ist in Rom allen bekannt. Wer einmal in die knusprige Kruste und den unwiderstehlich zarten Teig seiner »Pizza bianca« gebissen hat, wird keine Gelegenheit auslassen, dieses Erlebnis zu wiederholen.

Auch Dr. Joachim Blüher, Direktor der Deutschen Akademie Villa Massimo, probierte die Pizza und war davon so begeistert, dass er ein Experiment wagte. Neben begnadeten Künstlern und Musikern holte er 2008 einen ganz besonderen Stipendiaten nach Rom: den Bäckermeister Josef Wagner aus Münsing am Starnberger See. Wagner kam nach Rom und wurde von Fabrizio Roscioli und seinem Partner Dino Bartocci in die Geheimnisse der italienischen Backkunst eingeweiht. Fabrizio erlernte diese Kunst von seinem Vater: »Eine Ausbildung, die der deutschen Lehre entspricht, haben wir hier nicht und daher auch keinen Standard und keine Qualitätsgarantie. Unsere Bäckerei besteht seit 300 Jahren, und die Rezepte werden von Generation zu Generation überliefert. So wissen unsere Kunden, dass unsere Brote von bester Qualität sind.« Zurück in Deutschland lud Josef Wagner zum Dank seine neuen Freunde nach Münsing ein und zieht nun durch die Welt, um die neu erworbenen Kenntnisse weiterzuvermitteln. Er fuhr sogar nach San Francisco für einen von der deutschen Botschaft angeregten Austausch mit einem amerikanischen Bäcker. Fabrizio Roscioli zieht währenddessen am Campo de' Fiori weiterhin dampfende Bleche mit seiner beliebten Pizza und anderen knusprigen Brotsorten aus dem Ofen und bereichert das Ganze mit einem verführerischen Angebot an Kuchen, Plätzchen und besonderen Backwaren wie dem weihnachtlichen »Panettone« oder der österlichen Friedenstaube aus feinstem Hefeteig.

Wie sein Vater vor ihm wird auch er seinen Kindern das Geheimrezept der legendären »Pizza bianca« überliefern, mit dem ein römischer Bäckermeister an der deutschen Akademie Schule machte.

DEVITRABBE NATURALE
€ 4,50 Kg

PANE DI TERNI
€ 3,30 Kg

ROMA LIEVITAZIONE NATURALE
€ 4.00 Kg

PANE ALL OLIVE
€ 6,50 Kg

30 Kg

BOTTONCINI SEMPLICI
€ 10,00
BOTTONCINI OLIVE NOCI
€ 12,00

Adresse Campo de' Fiori 22, Vicolo del Gallo 14, 00186 Rom (Rione Parione), Tel. +39/06-68806662, www.fornocampodefiori.com, info@fornocampodefiori.com | **ÖPNV** Tram 8, Bus 46, 62, 64, 571, 916, 916F, Haltestelle Corso Vittorio Emanuele/ Navona | **Öffnungszeiten** Bäckerei: Mo–Sa 7.30–14.30 & 16.45–20 Uhr; Konditorei (Vicolo del Gallo): Mo–Sa 10.30–16.45 Uhr | **Tipp** Die Familie Roscioli führt auch einen Feinkostladen mit Restaurant (Salumeria Roscioli, Via dei Giubbonari 21, 00186 Rom, Tel. +39/06-6875287, www.salumeriaroscioli.com, info@salumeriaroscioli.com, Öffnungs- zeiten: Mo–Sa 10.00–24.00 Uhr, So geschlossen).

51 Le Fragrance
Duft vom Fass

Ein gutes Parfüm regt die Sinne an, unterstreicht die Persönlichkeit und weckt positive Empfindungen. Im harmonischen Zusammenspiel von Kopf-, Herz- und Basisnote offenbart sich das Können eines Parfümeurs. Leider lassen sich viele bei der Wahl des heiß geliebten Duftwassers eher vom gewinnenden Outfit, dem berühmten Label oder der aufreizenden Werbung als von der Qualität der Essenzen verführen.

»Die aufwendige Verpackung und ein hübscher Flakon, der nach dem Gebrauch auf dem Müll landet, schrauben den Preis unnötig hinauf und sind außerdem extrem umweltbelastend. Ein Freund erzählte mir von der genialen Idee, Parfüms direkt vom Fass zu verkaufen. Ich war begeistert und habe mich sofort informiert.« Francesca schuf ihr Reich der Düfte in einem kleinen Laden in Trastevere, zierte die Wände mit pastellfarbenem Anstrich und füllte die poppigen Regale mit einem Heer veilchenblauer Duftspender samt goldenen Wasserhähnen. »Die Parfüms sind den bekannten Marken nachempfunden, es handelt sich dabei aber nicht um billige Imitationen.«

Die aus den Parfümfabriken in Grasse importierten Duftöle werden mit Alkohol versetzt und danach wie guter Wein im Dunkeln gelagert. Das Ergebnis sind erstklassige Parfüms zu günstigen Preisen, denn bei der Herstellung wird an Hülle, Transport und Werbung, nicht aber an der Qualität gespart. »Die beste Werbung sind meine zufriedenen Kunden, die gerne wiederkommen und nach und nach zur Stammkundschaft werden.« Wenn Francescas Kundinnen vorbeischauen, um ihre Flakons an den goldenen Hähnen der Duftspender aufzufüllen, nehmen sie sich auch gerne die Zeit, sich eine professionelle Pediküre zu gönnen oder sich von Francesca die Fingernägel mit elegantem Nageldesign verzieren zu lassen. Großer Duft zu kleinem Preis und eine halbe Stunde totaler Entspannung – wie ein gutes Parfüm regt der Besuch bei Le Fragrance die Laune und alle Sinne an.

Adresse Via Roma Libera 22, 00153 Rom (Trastevere), Tel. +39/06 60673653, www.profumiallaspina.com, travallonifrancesca@gmail.com | **ÖPNV** Tram 8, Haltestelle Trastevere/Ministero Istruzione, Bus 44, 44F, 75, 115, 125, Haltestelle Morosini/Nuovo Regina Margherita | **Öffnungszeiten** Mo–Sa 10–13 & 16–19.30 Uhr | **Tipp** Der Parfümhersteller aus Pavia liefert auch Produkte für Körperpflege und Waschmittel vom Fass, die man online bestellen kann (www.piuricarichipiurisparmi.it, www.rbprofumi.it).

52 Fausto Maria Franchi

Geschmolzen und losgelöst

Wer Silber bis 1000 Grad erhitzt, wird Herr aller Formen. Das geschmolzene Edelmetall fügt sich der Phantasie seines Schöpfers und nimmt die Gestalt seiner Ideen an. Doch nur mit großer Fingerfertigkeit und Geduld entsteht daraus ein wahres Kunstwerk.

Fausto Maria Franchi hat in den 50 Jahren seiner Aktivität als Goldschmied dieses Ziel erreicht. Seine Meisterwerke aus getriebenem Massivsilber und filigranem Gold sind weltweit geschätzt und preisgekrönt.

Dabei war ihm sein Talent anfangs gar nicht bewusst. »Meine Eltern wollten für mich eine solide Ausbildung auf dem Gymnasium, doch meine chronische Abneigung gegen Latein überzeugte sie, dass ich auf der Kunstgewerbeschule besser aufgehoben war. In fünf Jahren Ausbildung erlernte ich Keramik, Bildhauerei und Goldschmiedekunst.« Er wurde mit Materialien und Techniken vertraut und nahm die Lehre seines Meisters, Professor Orlandini, mit auf den Weg: Nur solide Kenntnis, akkurate Planung und sorgfältige Ausführung führten zum dauerhaften Erfolg. Das wahre Geheimnis sei jedoch der Mut, sich von den herkömmlichen Methoden loszulösen. »Ich bin immer offen für neue Erfahrungen und verarbeite Gold und Silber mit ungewöhnlichen Materialien wie Emaille oder Plexiglas.«

Die geschwungenen Linien seiner Skulpturen, das Spiel von Licht und Schatten seiner ziselierten Silberteller, der matte Schimmer seiner Bronzeglocken – dem Genie des Meisters sind keine Grenzen gesetzt. Zusammen mit Sohn Enrico, der das Talent seines Vaters geerbt hat, spielt er in seiner Werkstatt in der Via del Clementino mit Formen und Materialien, übt sich in antiken Techniken und wagt neue Methoden, ohne jemals den Fluss seiner Ideen zu bremsen.

»Mit der Kreativität ist es wie mit dem Sport. Man muss täglich trainieren und mutig über die eigenen Grenzen hinaus zielen.« Geschmolzenes Silber und Faustos grenzenlose Kreativität: Nur so entsteht ein wahres Kunstwerk.

Adresse Via del Clementino 98/100, 00186 Rom (Campo Marzio), Tel. +39/06-6871558, www.faustomariafranchi.com, info@faustomariafranchi.com | **ÖPNV** Bus 70, 81, 87, 116, 186, 492, 628, Haltestelle Lungotevere Marzio | **Öffnungszeiten** Winter: Di–Sa 10.30–19 Uhr, Sommer: Mo–Fr 10.30–19 Uhr | **Tipp** Fausto Maria Franchi arbeitet mit dem Kunstwissenschaftler Enrico Crispolti zusammen. Dessen Archiv der modernen Kunstgeschichte mit über 25.000 Schriften und 55.000 Bänden kann auf schriftliche Anfrage besucht werden (info@archiviocrispolti.it).

53__Fratelli Lucà

Geschichte ist Gold

An der Via del Trullo pulsiert das Leben der »Borgata del Trullo«, dem bevölkerungsreichen Viertel am Stadtrand, in dem Enzo und Nicola Lucà seit Jahrzehnten ihr Uhren- und Schmuckgeschäft Fratelli Lucà führen.

Vor den Schaufenstern verschnaufen die Hausfrauen von ihrem Hindernislauf um schwatzende Rentner und Obstkistenstapel und werfen einen träumerischen Blick auf die glitzernde Pracht hinter den Panzerglasscheiben. Im Innern drängeln sich auf engstem Raum der wuchtige Ladentisch, unzählige gläserne Schaukästen und die alte Werkbank, an der Giuseppe Lucà trotz seiner 98 Jahre noch heute mit Vergrößerungsglas und winzigen Schraubenziehern die Uhrwerke inspiziert.

Als er mit seiner Familie in den 1950er Jahren hierherzog, führte die Via del Trullo als schlammige Schotterstraße durch die Felder. Abgesehen von ein paar Bauernhöfen und Fabriken stand Mussolinis Arbeiterviertel mitten auf dem Land und war vom Rest der Stadt abgeschnitten. Lucà senior fing ganz klein an, reparierte Uhren, verkaufte Goldschmuck auf Raten und machte sich dabei einen Namen. Seine Söhne standen sehr bald mit im Laden und erlernten von ihrem Vater das Handwerk. Sohn Enzo: »Wir hatten unsere Werkstatt in dem einzigen Gebäude auf dieser Straßenseite. Als das Viertel und damit die Kundschaft wuchs, konnten wir das Geschäft erweitern.« Heute kümmert sich Nicola um die Uhren und Enzo um den Schmuck. Mit viel Geschick und Leidenschaft kreiert er zierliche Ohrringe und liebevoll ziselierte Silberfiguren, doch nach Ladenschluss widmet er sich seiner wahren Leidenschaft, der Fotosammlung über die Geschichte des Stadtviertels, an der er seit 20 Jahren arbeitet.

Wer mehr darüber erfahren möchte, muss ihn nicht lange bitten. Begeistert holt er schwere Fotoalben aus seinem Archiv im Hinterzimmer und lässt mit netten Anekdoten die ereignisreiche Vergangenheit seines geliebten »Trullo« wieder aufleben.

Adresse Via del Trullo 246, 00148 Rom (Trullo), Tel. +39/06-6573231 | **ÖPNV** Bus 228, 719, 771, 775, Haltestelle Trullo/Vigna Consorti | **Öffnungszeiten** Mo 18−21 Uhr, Di−Sa 9−13 & 16−19.30 Uhr | **Tipp** Das Stadtviertel um die Via del Trullo im Südwesten Roms kann auf eine 2000-jährige Geschichte zurückblicken. Kostenlose Führungen zu den antiken Funden der Arvalia-Brüder, der frühchristlichen »Generosa Katakombe« und der Kirche »Santa Passera« bietet das »Comitato Catacombe di Generosa« an (www.comitato-catacombedigenerosa.it).

54__Gammarelli

Päpste kommen, Päpste gehen

Anno 1798: Napoleon kam, Pius VI. ging ins Exil – und Giovanni Antonio Gammarelli nähte für den römischen Klerus. Nach diesen turbulenten Anfängen hat das Familienunternehmen mehr als 215 Jahren Weltgeschichte wie ein Fels in der Brandung widerstanden. Mit Zuverlässigkeit und Diskretion erarbeiteten sich Giovanni Antonio und sein Sohn Filippo das Vertrauen von Bischöfen und Kardinälen, bis Enkel Annibale 1874 die Geschäftsräume in der päpstlichen Akademie hinter dem Pantheon beziehen konnte.

Der Kirchenstaat wich dem vereinten Italien, die Monarchie wich der Diktatur und schließlich der Republik, doch in der »Ditta Annibale Gammarelli« ist die Zeit stehen geblieben. In den polierten Holzregalen aus der Jahrhundertwende lagern unverändert die traditionellen Stoffballen für die Talare: »Einfache Geistliche tragen Schwarz, Bischöfe Violett, Kardinäle Rot und der Papst Weiß«, erklärt Massimiliano, der heute zusammen mit seinen Cousins Stefano und Lorenzo den Familienbetrieb leitet. Der tadellose Maßanzug stammt aus der eigenen Schneiderei, die guten Manieren aus sechs Generationen stolzer Familientradition.

Wer sich mit dem katholischen Zeremoniell nicht auskennt, bekommt geduldige Nachhilfe: »Dieser typische Priesterhut heißt wegen seiner kreisrunden Krempe ›Saturno‹. Für die Messe streift man sich die sogenannte ›Casula Romana‹ oder ›Pianeta‹ über.«

Von der Schärpe bis zum Strumpfpaar gibt es hier alles, was zum Leben eines katholischen Geistlichen gehört. Vieles ist Konfektionsware, manches wird maßgeschneidert. »Vor der letzten Papstwahl haben wir den üblichen Talar in drei verschiedenen Größen genäht. Der größte davon saß Papa Francesco wie angegossen. Heute zählt auch er wie seine sieben Vorgänger zu unserer Stammkundschaft.«

Anno 2013: Benedikt XVI. ging, Papst Franziskus kam – und die »Ditta Annibale Gammarelli« näht unverändert für den römischen Klerus.

Adresse Via Santa Chiara 34, 00186 Rom (Rione Pigna), Tel. +39/06-68801314, www.gammarelli.com, gammarelli.sartoria@libero.it | **ÖPNV** Bus 62, 64, 81, 87, Haltestelle Argentina | **Öffnungszeiten** Mo–Fr 8.30–19 Uhr; Sa, So geschlossen | **Tipp** Eingeweihte Touristen kaufen hier die Herrensocken, die auch der Papst trägt, möglichst in Rot! Die päpstliche Akademie bildet seit 300 Jahren junge Geistliche für den diplomatischen Dienst aus. Viele Päpste haben in den alten Gemäuern studiert oder unterrichtet.

55 Gelateria Tony

2.000 Eier pro Woche

Jeder Römer hat seine Frühstücksbar, seinen Pizzabäcker und seine unverzichtbare Eisdiele im eigenen Stadtviertel und möglichst gleich vor der Haustür. Für ein besonders gutes Eis legt er auch gerne ein paar Kilometer zurück, im Ausnahmefall wechselt er sogar das Viertel. Die Gelateria Tony ist so ein Ausnahmefall, denn seit Antonio Arcangeli 1965 die ersten Waffeltüten mit seinem beliebten Vanilleeis füllte, stehen bei ihm nicht nur die Nachbarn, sondern auch Eisliebhaber aus ganz Rom Schlange.

Zweimal ist er umgezogen, und jedes Mal ist ihm die Schar der Eisfans gefolgt. Im Laufe der Jahrzehnte wuchs die Kundschaft und mit ihr die Zahl der Mitarbeiter, doch Antonio und seine Söhne Roberto, Giampaolo und Marco haben der Versuchung widerstanden, neue Filialen zu eröffnen. »Wir arbeiten gut zusammen, wechseln uns beim Verkauf und bei der Herstellung ab und haben so den gesamten Betrieb hervorragend im Griff. Selbst wenn die Kunden bis auf die Straße Schlange stehen, müssen sie nie länger als zehn Minuten auf ihr Eis warten.«

Der Service stimmt, und die Auswahl ist enorm, so bleibt nur die Qual der Wahl: In dem sechs Meter langen Glastresen laden über 20 verschiedene Eissorten zum Genuss ein. Vom traditionellen Vanilleeis über den Dauerschlager Nutella bis zum Cremolato aus frischem Obst kann jeder seine Lieblingssorte finden. »Wir sind stolz auf unser großes Angebot. Experimente mit Farbstoffen und künstlichen Aromen vermeiden wir allerdings. Als bei den Kindern vor ein paar Jahren das türkisfarbene Schlumpfeis groß in Mode kam, fragten sie bei uns vergeblich danach. Gott sei Dank ziehen die meisten Kunden unser traditionelles Vanilleeis vor. Wöchentlich verbrauchen wir dafür bis zu 2.000 frische Eier.«

2.000 Eier pro Woche lassen keinen Zweifel daran, dass die Römer auf die Gelateria Tony und ihr begehrtes Vanilleeis nicht mehr verzichten möchten.

Adresse Largo Alberto Missiroli 15–17, 00151 Rom (Monteverde), Tel. +39/06-58201002, www.gelateriatony.it, gelateriatony@alice.it | **ÖPNV** Bus 31, 33, Haltestelle Colli Portuensi/Alessandri | **Öffnungszeiten** Mo–So 8–14 & 14.45–21 Uhr | **Tipp** Gleich neben der Eisdiele gibt es leckere Pizza vom Blech bei Mister Pizza, bevorzugter Treff-punkt der Jugendlichen aus den umliegenden Schulen: Viale dei Colli Portuensi 335–337, Tel. +39/06-53270614.

56__Il Genovino d'Oro
Seeweg nach Indien

Nelken, Pfeffer und Zimt – wir brauchen nur die Augen zu schließen, um den Duft jener Gewürze heraufzubeschwören, die vor langer Zeit ihren Weg aus dem fernen Osten in unsere Küchen fanden. Ihr immenser Wert als Speisewürze, Medikament und Aphrodisiakum führte zur Erschließung wichtiger Handelswege wie der antiken Seidenstraße und der Gewürzroute nach Indien. Dabei stimulierten die kostbaren Aromen nicht nur den Appetit, sie förderten auch den Austausch von Wissen und Kulturen.

Seit der leidenschaftliche Gewürzexperte Franco Calafatti beschloss, die legendären Handelsstraßen aufs Neue zu erforschen, brachte er von seinen Reisen zahlreiche exotische Aromen und das wertvolle Wissen um antike orientalische Traditionen in die Ewige Stadt. In seinem Reich der Gewürze, inmitten von Gläsern mit geheimnisvollem Inhalt und fremdländischen Aufschriften, fertigt er seine verführerischen Mischungen an. Während er den Kunden die magischen Pulver in die Tütchen füllt, erzählt er gerne mit ausladenden Gesten und netten Anekdoten deren Geschichte. »Das ›Chat Masala‹ mit Granatapfelsamen und Ingwer wird in Indien für pikante Saucen und Süßspeisen verwendet. Mit meinen Kursteilnehmern bereite ich den köstlichen ›Masala Chai‹ zu, einen schwarzen Tee mit Milch und Gewürzen wie Zimt, Ingwer und Nelken. Wussten Sie übrigens, dass Gewürznelken wahre Wunder gegen frühzeitiges Altern bewirken?«

In seinen Kursen und bei kulinarischen Events kann man sich von seinem Enthusiasmus für die magische Welt der Gewürze mitreißen lassen. »Wir inszenieren eine virtuelle Entdeckungsreise auf der Gewürzroute im verwinkelten ›Teatro di Documenti‹ mit Rezepten, Kostproben, Videos und einem phantastischen Abendessen. Als nächste Etappe ist Madagaskar vorgesehen.« Dort verführen Franco und sein Genovino d'Oro ihre Gäste dazu, mit Gewürzen und exotischen Düften den legendären Seeweg nach Indien wieder heraufzubeschwören.

Adresse Via Collina 22, 00187 Rom (Rione Sallustiano), Tel. +39/06-5657284, Handy +39/339-5270975, www.italyexport.com, francocalafatti@libero.it | **ÖPNV** Bus 16, 61, 62, 75, 82, 492, Haltestelle Venti Settembre/Piave | **Öffnungszeiten** Mo–Sa 10.30–21 Uhr; immer auf dem Handy erreichbar | **Tipp** Das »Teatro di Documenti« im Testaccio mit seinen verwinkelten Räumen, in denen experimentelles Theater, Theaterkurse und viele interessante Events veranstaltet werden, ist einen Besuch wert (Via Nicola Zabaglia 42, www.teatrodidocumenti.it).

57__Giolitti Testaccio

Heiß begehrtes Eis

Wer an einem lauen Sommerabend in Testaccio Lust auf ein leckeres Eis oder eine erfrischende Granita bekommt, kann auf einen Besuch bei Giolitti nicht verzichten. Hier erinnern die Metallstühle mit dem orangefarbenen Plastikgeflecht und die datierte Inneneinrichtung an Zeiten, als ein »gelato misto« noch 50 Lire kostete.

Hinter dem Tresen klappert Armando mit den Espressotassen und kommentiert gestenreich alles – von der Politik bis zum Fußballmatch von AS Rom. Vor über 50 Jahren fing er mit 17 hier an, lernte von Angelo Giolitti alles über das Eismachen und ist seitdem der Familie und ihren Prinzipien treu geblieben: nur frische Zutaten, beste Qualität und keine Experimente. Denn damit hat es die Familie Giolitti weit gebracht. »Die 1890 von Giuseppe und Bernardina gegründete Molkerei war schon vor 100 Jahren königlicher Milch- und Eislieferant«, berichtet Armando. »Der Erfolg war riesig. Sie konnten jedem ihrer acht Kinder eine eigene Molkerei eröffnen.«

1914 zog Sohn Nazzareno nach Testaccio und überließ seinem Bruder Angelo das Ruder, um 1936 eine weitere Eisdiele beim Pantheon zu eröffnen. Armando erinnert sich an die Zeit vor dem ersten Kühlschrank: »Wir bewahrten die Eisbehälter in einer Mischung aus zerkleinertem Eis und Meersalz auf.« Inzwischen erleichtert die moderne Technologie die Verarbeitung, doch an den traditionellen Rezepten wird nicht gerüttelt. Armandos »Zabaglione« ist nach wie vor das absolute Highlight: »Ich lasse die Masse aus Eiern, Zucker und Marsala nach dem Kochen auskühlen, füge frische Sahne hinzu und lasse das Eis 24 Stunden lang ruhen, bevor ich es serviere.« Seine Stammkunden schwören auch auf seine »granita al caffè« mit frischer Schlagsahne.

Sei es nun zum Abschluss eines heißen Sommertages oder als Auftakt zu einer langen Sommernacht – seit 100 Jahren führt in Testaccio kein Weg an Giolitti und seinem heiß begehrten Eis vorbei.

Adresse Via Amerigo Vespucci 35, 00153 Rom (Rione Testaccio), Tel. +39/06-5746006 | **ÖPNV** Bus 23, 83, 170, 280, 716, 781, Haltestelle Emporio | **Öffnungszeiten** Mo–So 7–23 Uhr, Mi geschlossen | **Tipp** Testaccio ist das Stadtviertel der römischen Pubs und Diskotheken und ist freitag- und samstagnachts von 23 Uhr bis 3 Uhr morgens für den Verkehr gesperrt. Die anderen Eisdielen Giolitti befinden sich in der Altstadt (Via Uffici del Vicario 40) und im Stadtviertel EUR (Viale Oceania 90).

58 Giuncart

Unverwüstlich und ohne Kleber

Wer schon einmal mit seinem Stuhl zusammengebrochen ist, hat schmerzvoll erfahren, dass geklebtes Holz keine lange Lebensdauer hat. Nicht von ungefähr finden Uromas Möbel auf dem Flohmarkt dankbare Abnehmer, während unsere moderne Wohnzimmereinrichtung nach 20 Jahren auf dem Sperrmüll landet. Zu Uromas Zeiten schworen die Römer auf die »sedia romana«, einen massiven Holzstuhl mit geflochtener Sitzfläche. Ganz ohne Kleber und mit einem Hammerschlag hielt der Stuhl ein Leben lang. Nur wenn die Sitzfläche abgenutzt war, wurde das gute Stück zum Stuhlflechter gebracht.

Daran hatte sich noch nichts geändert, als 1960 Mario Giovagnoli die Werkstatt in der Via del Pellegrino übernahm. Eifrig reparierte er ausgefranste Sitzflächen, bis schließlich die verchromten Stahlrohrstühle in den italienischen Küchen Einzug hielten und viele Stuhlflechter das Feld räumen mussten. Doch Mario hatte sich inzwischen auf die Restaurierung von Jugendstilmöbeln spezialisiert und stellte außerdem Strohhüte, Weidenkörbe und Bambusmöbel her. Seinem Sohn Umberto, der schon mit dreizehn in der Werkstatt half, schärfte er ein, wie wichtig Qualität und stilgerechte Verarbeitung für eine erfolgreiche Restaurierung seien.

Heute ist Umberto stolz auf das Ergebnis: »Wer ein altes Möbelstück auf seinem Dachboden findet, wendet sich an uns, denn wir sind die Einzigen, die heute noch das passende Material haben und auch die richtige Technik beherrschen.«

Zu seiner Kundschaft zählen neben seinen Stammkunden auch viele Neugierige, die seinen kleinen Lieferwagen aus den 1960er Jahren bewundern, den er vollbepackt direkt vors Geschäft stellt. »Erst freuen sie sich über meinen alten Ape, und dann werden sie auf meinen Laden aufmerksam.«

Er selbst freut sich am meisten, wenn ein alter Kunde seines Vaters mit einem jener unverwüstlichen Stühle aus Uromas Zeiten erscheint und er die ausgefranste Sitzfläche reparieren darf.

Adresse Via del Pellegrino 93, 00186 Rom (Rione Parione), Tel. +39/06-68806204, u.giovagnoli@gmail.com | **ÖPNV** Bus 116, 121, 673, 719, Haltestelle Monserrato/Piazza Farnese, Bus 40, 46, 62, 64, 190F, 571, 916, 916F, Haltestelle Chiesa Nuova | **Öffnungszeiten** Mo–Sa 9–20 Uhr | **Tipp** Wer die traditionellen Handwerke Roms kennenlernen möchte, kann bei »Botteghiamo« eine Tour durch die Läden und Werkstätten der Altstadt reservieren (Botteghiamo – Abc Project, Via del Governo Vecchio 78, 00186 Rom, www. botteghiamo.it).

59__Hollywood –
Tutto sul Cinema

Fellini und die Schmerzgrenze

Alles begann 1983 auf dem Weihnachtsmarkt. Barbaras Eltern hatten eine Bude auf der Piazza Navona, ihr Freund Marco war Kinofan, und gemeinsam sammelten sie alte Filmplakate, bevor sie auf dem Müll landeten.

Statt Krippenfiguren verkauften sie die alten Poster, und schon bald rannten ihnen die Kinofans die Bude ein. »Kaum war ein Film aus dem Programm, warfen die Vertriebe das gesamte Werbematerial einfach weg.« Marco lacht, denn ihm und seiner Frau Barbara brachte die Idee großes Glück. »Alle fragten uns, wo sie uns nach Weihnachten finden würden, dabei hatten wir noch gar nicht daran gedacht, ein Geschäft zu eröffnen.« Das holten sie zwei Jahre später nach, als sie mit dem verdienten Geld in einer ehemaligen Puppenwerkstatt ihren seltsamen Basar einrichteten, dem sie ehrgeizig den Namen »Hollywood – alles über Film und Musik« gaben.

Den Videoverleih organisierten sie erst, als neben kommerziellen auch anspruchsvolle Kassetten auf den Markt kamen. Anders als die Konkurrenz verzichtete Marco auf die Pornoecke und verlieh nur anspruchsvolle Highlights der Filmgeschichte. »Schon ›Star Wars‹ war für mich die Schmerzgrenze!« Bald wurde der Laden zur Anlaufstelle für Filmkenner, Regisseure auf Inspirationssuche und Studenten, die hier Stoff für ihre Diplomarbeit fanden. Auch Ikonen der Filmgeschichte wie Bernardo Bertolucci oder Giulietta Masina gingen bei ihm ein und aus – »Fellini wartete im Wagen, während Giulietta die Videokassetten durchstöberte« –, und manche Studenten von damals sind heute zu bekannten Filmemachern geworden. Alle wissen, dass sie hier nicht nur außergewöhnliche und seltene Filme finden, sondern auch alles über ihre Entstehung erfahren können.

In 30 Jahren hat sich die Fundgrube für alte Kinoplakate zur lebendigen Enzyklopädie für moderne Filmgeschichte gemausert.

Adresse Via di Monserrato 107, 00186 Rom (Rione Regola), Tel. +39/06-6869197, www.hollywood-video.it, info@hollywood-video.it | **ÖPNV** Bus 116, 121, 673, 719, Haltestelle Monserrato/Piazza Farnese, Bus 23, 271, 280, Haltestelle Lungotevere Tebaldi/ Armata | **Öffnungszeiten** Mo–Sa 10–19.30 Uhr | **Tipp** Zwei Hausnummern weiter näht Barbara in ihrem neuen Laden Kinderkleider, Kissenbezüge und originelle Geschenkideen mit Motiven aus der Film- und Musikwelt (Hollywood – Contenuti, Via di Monserrato 110).

60 __ Kokoro

Nähmaschine mit Herz

Kreativität, bunte Stoffbahnen und eine Nähmaschine sind alles, was Benedetta braucht, um in ihrem Atelier Kokoro das Herz ihrer Kundinnen zu erobern. Schon lange vor der Eröffnung des Ladens in der Via del Boschetto nähte sie mit Leidenschaft und legte vor allem großen Wert darauf, ihren Freundinnen die neuesten Kreationen auf den Leib zu schneidern: »Ich wollte keine abstrakten Modelle kreieren, sondern meine Ideen gemeinsam mit den Frauen entwickeln, die sie dann auch tragen sollten.«

Den Freundinnen gefiel diese ungewöhnliche Art, mit der Mode zu spielen. So sprach sich die Idee herum, bis Benedettas Wohnung aus allen Nähten platzte und es höchste Zeit wurde, ein eigenes Atelier zu gründen. Vor sieben Jahren war es dann so weit: In den kleinen Laden mit dem roten Schaufenster stellten sie den selbst lackierten Ladentisch samt Spiegelfront, ein paar Kleiderstangen und zwei Nähmaschinen; hinter die mobilen Plastikwände kam die Anprobe und in das Hinterzimmer die Stoffbahnen samt Zubehör.

Nun schneidert und näht Benedetta zusammen mit ihrer Assistentin Julia die Modelle, die ihre Kundinnen auswählen und nach Belieben variieren können. »Wir haben von jedem Modell die Standardgrößen im Laden. Die Kundin probiert sie an, und wir gestalten das Modell entsprechend ihren Bedürfnissen um, suchen den passenden Stoff aus und bringen die gewünschten Änderungen an. Nach wenigen Tagen ist dann ihr persönlich gestyltes Kleid fertig«, erklärt Valentina. Die freundliche Verkäuferin berät die Frauen bei der Anprobe und Wahl der Stoffe, die von Julia zugeschnitten und an der Nähmaschine zusammengefügt werden. Für die passenden Accessoires sorgt Benedettas Mann David mit seiner Kollektion individueller Gürtel, Portemonnaies und Ledertaschen. Kokoro bedeutet Herz, und die Wahl des Namens kommt nicht von ungefähr, denn in diesem kleinen Atelier begegnet jeder bunten Stoffen, einer Nähmaschine und herzerwärmender Kreativität.

Adresse Via del Boschetto 75, 00184 Rom (Rione Monti), Tel. +39/06-4870657, www.kokoroshop.it, info@kokoroshop.it | **ÖPNV** Metro Linie B, Haltestelle Cavour, Bus 75, Haltestelle Cavour/Annibaldi, Bus 117, Haltestelle Serpenti | **Öffnungszeiten** Mo–So 11–20 Uhr | **Tipp** Die Straßennamen im alten Stadtviertel haben oft einen kuriosen Ursprung: In der Via del Boschetto (Wäldchenstraße) stand im 16. Jahrhundert ein kleiner Ulmenhain.

61__Lanificio
Woll- und Ideenspinnerei

Zwischen den Fabriken und lärmenden Autowerkstätten des ehemaligen Industrieviertels liegt die alte Wollspinnerei Lanificio. In den staubigen Hallen mit ihren rostigen Eisenfenstern hat sich im Laufe der Jahrzehnte ein buntes Volk kreativer Köpfe angesiedelt: »30 Jahre nach ihrem Bau stand die Fabrik jahrelang leer, bis sie schließlich in den 1970er Jahren von Stilisten für ihre Modenschauen entdeckt wurde«, so Claireva Busnello, Organisatorin der Events im Lanificio. »Künstler und Architekten zogen in die Lofts ein, und schließlich mietete eine professionelle Ballettschule den ersten Stock. Wir kamen 2007, bauten die Räume im Erdgeschoss aus und gaben dort private Feste.«

Während die unternehmungslustigen Freunde rostige Fenster strichen und staubige Hallen säuberten, inspirierte sie das Flair verwitterter Industriearchäologie zu einer Idee: »Wir richteten das gesamte Lokal mit selbst restaurierten Möbeln vom Flohmarkt ein.« Die Feste waren ein Erfolg und machten den Freunden Lust auf neue Experimente. So entstanden der Nachtclub »Lanificio 159«, die Galerie »Expo« und das Restaurant »Cucina« mit seinem phantastischen Flusspanorama und der experimentierfreudigen Küche von Chefkoch Gabriele. Man sitzt an Großmutters Esstisch oder auf dem alten Plüschsofa und lässt den Blick über das Sammelsurium origineller Gegenstände schweifen, die Tischlermeister Alessandro in seiner Werkstatt »Officina« unermüdlich in Schuss bringt.

Alles steht hier zum Verkauf, denn Austausch und Veränderung ist das Motto im Lanificio. Alessandro organisiert auch Restaurationskurse und regt den Spaß an alten Möbeln mit einem originellen Tauschhandel an: »Wer uns seine alte Lampe oder ein ausgedientes Möbelstück bringt, bekommt einen Gutschein fürs Restaurant.« Mit seinem Ideenreichtum hat das Team von Lanificio die staubigen Hallen der alten Wollspinnerei zur lebendigen Fabrik neuer Tendenzen gemacht.

Adresse Via di Pietralata 159a, 00157 Rom (Pietralata), Tel. +39/06-41780081, www.lanificio.com, stampa@lanificio.com | **ÖPNV** Bus 211, Haltestelle Cimone/Monte Acero bzw. Pietralata/Itor | **Öffnungszeiten** Restaurant: Mo–So 12.30–15 & 19.30–23 Uhr (Fr & Sa bis 1 Uhr); Sa & So Brunch ab 12–14 Uhr | **Tipp** Das Stadtviertel Pietralata ist ein typisches Beispiel der römischen »borgata«: Mussolini baute dort billige Häuschen für die Bürger, die den Demolierungsarbeiten in der Innenstadt weichen mussten. Die Häuschen und kleinen Fabriken wurden regelmäßig vom nahe liegenden Fluss Aniene überschwemmt, bis man erst 1979 das Straßenniveau erhöhte.

62 Legatoria di Federica Mendaia

Ein paar Tropfen Kleber

Ein Stück Pappe, ein Papierbogen, ein paar Tropfen Kleber und eine Schere. Mehr braucht sie nicht, um daraus mit Phantasie und viel Geschick eine bunte Schachtel, einen originellen Einband oder ein lustiges Fotoalbum hervorzuzaubern. In ihrem kunterbunten Laden setzt Federica Mendaia jede noch so ungewöhnliche Idee in die Tat um. Wenn ein Kunde mit so einer Idee zu ihr kommt, kann er hier das passende Material auswählen und sich dabei beraten lassen.

»Ich zeige ihm, welches Papier am besten für den jeweiligen Anlass geeignet ist, und helfe bei der Suche nach den passenden Bändern und Accessoires. Bei der großen Auswahl im Geschäft ist das nicht leicht.« Ihr Blick schweift über das farbenfrohe Papiermeer, das ihren Laden bis auf den letzten Zentimeter ausfüllt. Hier wetteifern die florentinischen Zierpapiere mit dem französischen Marmorpapier und dem dezent bedruckten Geschenkpapier aus England um die Gunst der Käufer; dort bezaubern die asiatische Faserseide, das blütenbedruckte Japanpapier und das Naturpapier aus Nepal mit ihren klaren Farben. Neben Rollen mit bunten Satinbändern warten in den Regalen Schachteln in allen Größen darauf, von Federicas geschickten Händen für besondere Anlässe dekoriert zu werden: »Ein beliebtes Taufgeschenk ist diese Schachtel samt Fotoalbum und Tagebuch – alles wird mit demselben Papier eingebunden und mit einem blauen oder rosa Band versehen.« Vor 20 Jahren gab Federica ihren Beruf als Mathematiklehrerin auf und beschloss, die Liebe zum Papier zu ihrem neuen Hauptberuf zu machen. Sie perfektionierte ihre Kenntnisse bei erfahrenen Buchbindern in Mailand und Florenz, legte geduldig Geld beiseite und richtete schließlich mit viel Liebe den Laden im Herzen von Rom ein. Dort überrascht sie seitdem Passanten und Stammkunden mit ihren phantasievollen Kreationen, die sie aus einem Stück Pappe, etwas Papier und ein paar Tropfen Kleber hervorzaubert.

Adresse Via dell'Orso 42, 00186 Rom (Rione Ponte), Tel.+39/06-68301495,
www.federicamendaia.it, info@federicamendaia.it | **ÖPNV** Bus 70, 81, 87, 116, 186, 492,
Haltestelle Zanardelli | **Öffnungszeiten** Mo–Sa 10–19.30 Uhr | **Tipp** Die Via dell'Orso
erhielt ihren Namen nach der antiken Locanda dell'Orso. Hier stieg auch Johann Wolfgang
von Goethe in der ersten Nacht seiner Romreise ab (Hosteria dell'Orso, Via dei Soldati 25c,
Tel. +39/06-68301192, www.hdo.it).

63__Libreria Dharma
Vom Gedeihen der Lotusblume

Wer durch das Gässchen Vicolo del Cedro spaziert, lässt die Cafés und Boutiquen des Touristenstroms hinter sich und entdeckt ein Stück authentisches Trastevere. Vor fünf Jahren verliebten sich Daniela und Rita in den abgelegenen, nostalgischen Laden und machten sich daran, die Räume in eine Friedensoase zu verwandeln, auch wenn ihre Idee anfangs utopisch schien.

»Die Tatsache, dass der Vormieter hier ein Erotiklokal betrieben hatte, war keine ideale Ausgangsbasis. Doch auch die Lotusblume braucht Schlamm, um zu gedeihen, und wir waren fest entschlossen, die Herausforderung anzunehmen.« Beide hatten ein Leben lang gearbeitet und davon geträumt, ihrer Leidenschaft für spirituelle Themen und Meditation Ausdruck zu geben. »Daniela bildete Blindenhunde aus, und ich arbeitete 23 Jahre lang bei Alitalia«, erzählt Rita, die vor Jahren ihre Heimatstadt München aus Liebe zur Ewigen Stadt und zu Ehemann Paolo verließ. »Als wir uns endlich von unseren beruflichen Verpflichtungen befreit hatten, wollten wir unsere Kenntnisse über östliche und westliche Religionen, alternative Medizin und Yogatechniken vertiefen und Menschen kennenlernen, die unsere Interessen teilten.«

Ihr Laden ist eine wahre Fundgrube für alle, die sich für den Weg zum Glück rüsten wollen. Hier kann man alles über Ernährung, Psychologie und neue Wissenschaften erfahren, bei entspannender Musik und tibetanischen Klangschalen meditieren und mit Hilfe von Blumen-Essenzen und Yoga positive Energien freisetzen. Räucherstäbchen, Yogakissen und Salzlampen bereichern das Sortiment; Neuheiten wie die gelochten Übungsbrillen zur Augengymnastik bieten neue Horizonte. Einmal im Monat laden Rita und Daniela ihre Freunde und Kunden zu Konferenzen über die unterschiedlichsten Themen ein. In dem kleinen Gässchen unweit vom Touristenstrom entdeckt man neben dem authentischen Trastevere auch ein Stück reiner Lebensqualität.

Adresse Vicolo del Cedro 32, 00153 Rom (Trastevere), Tel. +39/06-45554448, www.libreriadharma.com, libreriadharma@gmail.com | **ÖPNV** Bus 23, 125, 271, 280, Haltestelle Farnesina/Trilussa | **Öffnungszeiten** Mi–Sa 14.30–19.30 Uhr | **Tipp** Nach einem Spaziergang bis zur Via della Lungara gelangt man zum Eingang des botanischen Gartens, der zur Parkanlage des »Palazzo Corsini« gehört und sich bis zum Gianicolo erstreckt (Orto Botanico, Largo Cristina di Svezia 24, Bus 125, Haltestelle Lungara/Orto Botanico, http://sweb01.dbv.uniroma1.it/orto/index.html).

64 — Livia Crispolti
Die studierte Weberin

Wenn Livia an ihrem Webstuhl das Schiffchen durch die Kette jagt, entsteht mehr als Schals und Tücher. Ihr sicheres Gespür für Farben und Materialien ist das Resultat eines langjährigen künstlerischen Werdegangs. »Als Tochter von Kunstwissenschaftlern wuchs ich in einer stimulierenden Verstrickung von akademischer Disziplin und gestalterischer Freiheit auf. So wollte ich gleichzeitig studieren und mich künstlerisch verwirklichen. Die Kunstweberei war die ideale Kombination von Theorie und Praxis.«

Livia erlernte das Handwerk in Como, besuchte in Florenz die Textilfachschule und vertiefte ihren kulturellen Hintergrund am römischen Institut für Kunstgeschichte und am »The Textile Museum« in New York. Ihre Kenntnisse gibt sie heute an die Studenten der mailändischen Kunstakademie weiter und kommt an ihren freien Tagen nach Rom in ihr lichtdurchflutetes Atelier mit hohen Stuckdecken, um sich an den Webstuhl zu setzen. »Ich verwebe Garn aus Baumwolle, Seide und Viskose zu farbenfrohen Collagen, die meine Schals und Tücher zu abstrakten Kunstwerken machen.« An der Strickmaschine neben dem Webstuhl fertigt sie Westen in leuchtenden Farben und geometrisch gemusterte Krawatten an; im Nebenzimmer spannt sie verrückte Hütchen aus buntem Filz auf hölzerne Hutformen und presst aufwendig gewobene Baumwollstoffe zu elegantem Plissee.

Besonders liebt sie die Zusammenarbeit mit Künstlern, die sie zu neuen Experimenten ermuntern. »2008 machte der regenbogenfarbige ›Pastor Angelicus‹ Furore, den ich gemeinsam mit dem Künstler Franco Summa entwarf und in mein Schaufenster in der Via di Ripetta stellte. Er löste bei den Passanten kontroverse Reaktionen aus, und ein Weinhersteller aus den Abruzzen wollte ihn unbedingt für seine Kunstsammlung.« Aus dieser Mischung von solidem Handwerk und beflügelter Kreativität entstehen an Livias Webstuhl nicht einfach Schals und Tücher, sondern einzigartige Kunstwerke.

Adresse Atelier: Via Tevere 15, rechte Treppe, 1. Stock, 00198 Rom (Salario), Schaufenster: Via di Ripetta 131/133, 00186 Rom (Campo Marzio), Tel. +39/06-6873390, Handy +39/339-8746463, www.liviacrispolti.com, info@liviacrispolti.com | **ÖPNV** Atelier: Bus 52, 53, 63, 83, 92, 217, 360, 910, Haltestelle Salaria/Isonzo, Schaufenster: Bus 70, 81, 87, 116, 186, 492, 628, Haltestelle Lungotevere Marzio | **Öffnungszeiten** nach Vereinbarung | **Tipp** In der Via Savoia 13/15 (00198 Rom) liegt das »Goethe Institut Rom« mit der 2006 eingerichteten »Europäischen Bibliothek« (www.goethe.de, www.bibliotecaeuropea.it).

65_ Look Like
Olgas Gespür für Chic

Tapfer trotzen sie der Konkurrenz moderner Einkaufszentren, denn wer etwas Einzigartiges sucht und seine Kleidungsstücke nicht an jedem Zweiten auf der Straße wiedererkennen will, kann auf die kleinen Boutiquen nicht verzichten. Hier findet man renommierte Kollektionen und exklusive Stücke, die sich vom Standard abheben, und eine sehr persönliche und ausführliche Beratung, die in einem Selbstbedienungsgeschäft unvorstellbar wäre.

Das verführerische Flair von Individualität und menschlicher Wärme macht auch den Charme der kleinen Boutique Look Like aus, in der Olga und Maurizio ihre anspruchsvolle Kundschaft buchstäblich von Kopf bis Fuß neu einkleiden. Als Maurizio die zierliche Russin vor zehn Jahren kennenlernte, war er von ihrer Fähigkeit, stets den Geschmack ihrer Kundinnen zu treffen, sehr beeindruckt.

»Olga geht mit natürlicher Sympathie auf die Wünsche jeder Kundin ein und findet schnell heraus, welche Modelle ihr gefallen könnten und was ihr am besten steht.« Gemeinsam verkauften sie in ihrer Boutique in der Viale Marconi die Kollektionen einer bekannten Franchising-Kette, bis diese vor zwei Jahren auf einmal pleiteging. »Im Juli erfuhren wir, dass wir ohne die Herbstkollektion dastanden, und mussten schnell Abhilfe schaffen.«

Sie fuhren von den Strickereien in Carpi zu den Schuhfabriken in Apulien und den Lederwerkstätten in Bologna, und nach zwei Monaten war die Kollektion im Laden. Olga machte so aus der Not eine Tugend; heute bereitet es ihr große Freude, aus den Musterkatalogen ihre individuellen Modelle zusammenzustellen, mit denen sie ihre Kundinnen zu Saisonbeginn überrascht. Wenn diese sich dann im eleganten Kleid vor dem Spiegel drehen, hat Olga gleich die passenden Schuhe, Gürtel und schicken Modeschmuck parat. Das exklusive Flair dieser kleinen Boutique und Olgas natürlicher Charme brauchen daher die Konkurrenz der anonymen Einkaufszentren nicht zu fürchten.

Adresse Viale Guglielmo Marconi 150, 00146 Rom (Marconi), Tel. +39/06-5592257, Handy (Olga) +39/338-1661447, looklikefashionblog.altervista.org, look-likeroma@libero.it | **ÖPNV** Bus 170, 766, Haltestelle Marconi/Meucci | **Öffnungszeiten** Mo–Sa 10–20 Uhr | **Tipp** Die Viale Guglielmo Marconi ist eine etwas chaotische, aber sehr beliebte Einkaufsstraße, in der sich Kaufhäuser, Bars und kleine Boutiquen aneinanderreihen.

66 La Magia del Presepe
Krippenzauber

Am 8. Dezember verwandeln sich die römischen Familienväter in geniale Baumeister. Unter der strengen Aufsicht ihrer Kinder bauen sie nicht nur die traditionelle Krippe, sondern ganze Stadtviertel und Landschaften aus Pappmachee auf, die jedes Jahr um neue Details bereichert werden müssen – ein guter Grund, Sandra Carolini und ihrer Werkstatt mit dem vielversprechenden Namen »La Magia del Presepe« – »Krippenzauber« – einen Besuch abzustatten.

Unter einer feinen Schicht von Gipsstaub wartet hier ein Heer von lächelnden Gottesmüttern, fürsorglichen Josefsfiguren und Heiligen Drei Königen im Dreierpack darauf, neben dem Christuskind und einem bunten Zoo von Tieren in Sandras bezaubernden Krippen Einzug zu halten: »Die jungen Ehepaare erstehen bei mir ihre erste Krippe mit Maria, Josef und dem Christkind. Danach kommen sie jedes Jahr wieder und kaufen etwas Neues hinzu. Mit der Familie wächst so auch die häusliche Weihnachtslandschaft heran.«

Nach und nach entsteht neben dem Stall ein Haus samt Ziegeldach, hölzernen Fensterläden und abgetretener Steintreppe, unter einem vertrockneten Bonsaibaum preist der Obstverkäufer seine Körbe voller Weintrauben und Tomaten an, und eine junge Frau schöpft Wasser aus dem Miniaturbrunnen. Der liebevoll gedeckte Tisch in der Taverne ist ebenso naturgetreu wie die Werkzeuge in der Schmiede. Seit über 30 Jahren formt Sandra ihre kleinen Meisterwerke aus Pappmachee und hat dabei ihren ganz persönlichen Stil entwickelt: »Die Wände und Decken sind aus Karton, den ich mit Gips verkleide. Die poröse Oberfläche und der unregelmäßige Anstrich verleihen den Krippen ihr mittelalterliches Flair. Auf das Dach kommen dann Miniaturziegel aus Ton oder Kork.«

Mittlerweile ist Sandras magische Werkstatt zum traditionellen Treffpunkt für Familien und Bastelfans geworden, die sich hier inspirieren lassen, um so ihre Kinderträume vom Krippenzauber zu verwirklichen.

Adresse Via Marco Vincenzo Coronelli 22, 00176 Rom (Pigneto), Tel. +39/06-2754996, www.lamagiadelpresepe.it | **ÖPNV** Bus 105, Haltestelle Casilina Alessi, Bus 553, Haltestelle Casilina Zenodossio, Zug FC1, Haltestelle Villini | **Öffnungszeiten** Mo–Fr 9–13 & 16–19.30 Uhr | **Tipp** In derselben Straße, Haus 26a, befindet sich das von Fritz Billig Hoenigsberg gegründete Spielzeugmuseum des 20. Jahrhunderts mit über 2.700 Spielsachen aus den Jahren zwischen 1920 und 1960 (Museo storico didattico di giochi e giocattoli del Novecento, Tel. +39/06-21700782, Öffnungszeiten: Di–Fr 15–19 Uhr; Sa, So nach Vereinbarung).

67___Mercatino

Rumpelkammer zu Rampenlicht

Wie reagieren die Italiener auf die Wirtschaftskrise? Sie räumen ihre Rumpelkammer leer und schleppen die ausrangierten Schätze in die nächste Mercatino-Filiale. In der zum Verkaufsraum umfunktionierten Garage nimmt die Familie Maiani diese Reichtümer entgegen und stellt sie zum Verkauf. »Wir nehmen alles an, was zum Haushalt gehört: Vom ausrangierten Wintermantel bis zur kompletten Wohnzimmergarnitur.«

Tochter Marianna erklärt die Verkaufsphilosophie der Franchising-Kette Mercatino: »Wir kaufen dem Kunden die Ware nicht ab, sondern stellen ihm gegen Kommission unsere Räume und unser Know-how zur Verfügung. Gemeinsam mit dem Anbieter legen wir einen fairen Preis fest, der erst nach 60 Tagen herabgesetzt wird. Wir müssen alles rasch an den Mann bringen, weil wir keine Lagerräume haben. So kann man vor allem bei Kleidung richtige Schnäppchen erhaschen.«

Bei der Eröffnung 2005 war die Garage noch gähnend leer, und die ersten Kunden kamen nur, um alten Kram zu verscherbeln oder ihre Wohnung billig einzurichten. Nachdem sich die Idee herumgesprochen hat, ist der Laden inzwischen zur Institution geworden. Den Anwohnern aus dem Viertel ist es zur Gewohnheit geworden, sonntags beim Mercatino hereinzuschauen, um ein Schwätzchen mit den Inhabern zu halten und ein bisschen herumzustöbern. Die Garage hat sich mit Möbeln gefüllt; die Regale biegen sich unter Bergen von Geschirr, Vasen, Nippes und Utensilien, deren Verwendungszweck bisweilen unergründlich bleibt: »Die Leute bringen uns die unmöglichsten Dinge. Einmal mussten wir lange über die Funktion eines Olivenentkerners rätseln, ein anderes Mal erfuhren wir, dass das eigenartige Holzschränkchen am Eingang ein buddhistischer Altar war.«

Mercatino hat es richtig erkannt: Was für den einen in die Rumpelkammer gehört, kann für den anderen zum Blickfang im Wohnzimmer werden. Man muss es nur ins richtige Rampenlicht rücken.

Adresse Via della Casetta Mattei 41, 00148 Rom (Corviale), Tel. +39/06-45471033,
www.romacasettamattei.mercatinousato.com, rm13@mercatinousato.com | **ÖPNV**
Bus 775, 785, 786, 786F, Haltestelle Via Casetta Mattei/Portuense | **Öffnungszeiten**
Mo–So 10–19.30 Uhr | **Tipp** Die Via della Casetta Mattei liegt unweit des sozialen
Wohnkilometers »Nuovo Corviale«. Der riesige Klotz verärgerte die Anwohner der Nachbarschaft derart, dass sie ihr Stadtviertel von »Corviale« in »Casetta Mattei« umtauften.
Nach dem Bau einiger kultureller Einrichtungen und Sportplätze wird »Corviale« langsam
in das Stadtviertel integriert.

68 Mikiway

Im rechten Licht

Bevor man vor dem Verkehrstreiben der Via Nazionale in die verschlafene Trägheit des Stadtviertels Monti flieht, sollte man bei Mikiway haltmachen. Hier haben junge Designer die gesamte Einrichtung aus Recyclingmaterial gestaltet; so bieten der bizarre Ladentisch mit den verwinkelten Holzfacetten, die asymmetrischen Regale und bunten Patchwork-Polster das ideale Ambiente für die stilvollen Kollektionen internationaler Stilisten, die hier neben ausgefallenen Accessoires und innovativen Ideen junger Modemacher ins rechte Licht gerückt werden. Jedes Stück ist einzigartig, jeder Stil unverkennbar, doch haben alle eins gemeinsam: Umweltschutz und Solidarität.

»Meine Frau Michela und ich wollen uns nicht darauf beschränken, schöne Dinge zu verkaufen. Wir möchten auch die Arbeit junger Designer, den Fair Trade und die Wiederverwendung gebrauchter Materialien unterstützen.« Angelo zeigt auf die spiralförmigen Holzlampen von Solidea Battista, der sich auf das Recycling von Holz spezialisiert hat. Bei Mikiway trifft die Eleganz internationaler Marken auf den gewagten Ideenreichtum junger Stilisten, von der Bekleidung über die Schuhe bis zu den ausgefallensten Accessoires.

Man hat die Qual der Wahl zwischen den Ballerinas von Repetto und den geflochtenen Sandalen von Ancient Greek, dem verschlungenen Goldschmuck von Iosselliani und den leuchtend gemusterten Seidenschals von Liberty. Bemerkenswert sind die handgefertigten Ledertaschen von Trakatan, denen die Solidarität buchstäblich ins Futter geschrieben steht: Sie lassen die Seidenstoffe ihrer Taschen in der Turiner Haftanstalt »Casa Circondariale Lorusso e Cotugno« bedrucken und unterstützen so die Häftlinge beim beruflichen Neuanfang nach der Haft. Ob aus Liebe zur exklusiven Mode, Lust an ausgefallenen Accessoires oder Interesse an der engagierten Kreativität junger Designer, man sollte nie auf einen Halt bei Mikiway verzichten.

Adresse Via del Boschetto 40 b/c, 00184 Rom (Rione Monti), Tel. +39/06-4880914, www.mikiway.it, info@mikiway.it | **ÖPNV** Bus 64, 70, 170, H, Haltestelle Nazionale/ Palazzo Esposizioni | **Öffnungszeiten** Mo–Sa 10.30–20 Uhr | **Tipp** In der Via Nazionale 194 liegt der neoklassizistische »Palazzo delle Esposizioni«, der 1883 eingeweiht und 1990 komplett renoviert wurde. Heute werden dort interessante Ausstellungen über moderne Kunst und Fotografie veranstaltet (www.palazzoesposizioni.it).

69 Mohssen Kasirossafar

Handtrommel für Morricone

Er wurde im Iran geboren, doch nach 35 Jahren ist Mohssen Kasirossafar in dem südländischen Flair der römischen Altstadtgässchen heimisch geworden. Hier beschloss er nach seinem Filmstudium, sich den wehmütigen Rhythmen Persiens zu widmen, und schlug die musikalische Laufbahn ein. »1980 begann ich Zarb zu spielen, lernte viel von den Meistern der klassischen persischen Musik und perfektionierte meine Technik unter der Leitung des unvergessenen Nasser Farhangfar.«

Seiner virtuosen Fingerfertigkeit an der orientalischen Handtrommel verdankt er die Zusammenarbeit mit bedeutenden Komponisten wie Ennio Morricone und Angelo Branduardi und ist auch oft zu Gast bei Konzerten und Festivals. Doch Mohssen liebt seine musikalischen Auftritte ebenso wie das zurückgezogene Leben in dem winzigen Altstadtgässchen in Trastevere, wo er das kreative Chaos seiner Werkstatt mit Musikinstrumenten aus aller Welt und schläfrigen Katzen aus Trastevere teilt.

Hier repariert er Gitarren, Geigen und Mandolinen, baut Harfen, Lauten und arabische Musikinstrumente mit exotischen Namen, deren Bauart und Funktion er gerne erklärt: »Für den Zarb zieht man eine feuchte Tierhaut über die Ränder der kelchförmigen Öffnung, die sich beim Trocknen spannt. Dieser trapezförmige Santur ist mit dem europäischen Hackbrett verwandt und wird mit leichten Holzschlägeln gespielt.« Sobald er sich auf seinen Hocker setzt, um bei der Geige neue Saiten aufzuziehen oder dem geschwungenen Holz der Harfe den letzten Schliff zu geben, springt ihm sein gestreifter Lieblingskater auf die Schulter und überwacht schnurrend jeden Handgriff. »Vor meinem Laden hat sich vor ein paar Jahren eine Katzenfamilie angesiedelt, die ich mit frischem Wasser und Futter versorge.« Die kleinen Streuner schmiegen sich an ihren Wohltäter, denn dank seiner Fürsorge sind auch sie in dem orientalischen Flair seiner Musikwerkstatt heimisch geworden.

Adresse Vicolo del Cedro 34, 00153 Rom (Trastevere), Tel. +39/328-8718746, www.cadira.it/pag01_mohssen.html, mohssenkasirossafar@gmail.com | **ÖPNV** Bus 23, 125, 271, 280, Haltestelle Farnesina/Trilussa | **Öffnungszeiten** Mo–Sa 10–19.30 Uhr | **Tipp** Über eine Treppe gelangt man über die Via Garibaldi zur Kirche »San Pietro in Montorio«, einer Renaissancekirche mit dem berühmten »Tempietto di Bramante« (Piazza S. Pietro in Montorio 2, www.sanpietroinmontorio.it, Mo–So 8–12, Mo–Fr auch 15–16 Uhr, nicht an Feiertagen; Führungen nach Vereinbarung).

70__Mondo Arancina
Orange ist nicht Orange

Salvatore verbrachte seine Kindheit in dem sizilianischen Bergdorf Tortorici, trank frisch gemolkene Ziegenmilch zum Frühstück und aß Mutters selbst gebackenes Brot, bis er mit 16 Jahren in die Hauptstadt zog, um sein erstes Geld in den römischen Eisdielen zu verdienen. Bald vermisste er die Traditionen seiner Heimatinsel und beschloss, die Leckereien seiner Kindheit in das ferne Rom zu holen.

1996 eröffnete er seine eigene sizilianische Eisdiele, sechs Jahre später gleich nebenan die Welt der Reiskrokette: Mondo Arancina. »In Sizilien hat der Straßenimbiss eine antike Tradition und ist weltberühmt für die Vielfalt seiner transportablen Spezialitäten«, erzählt Salvatore. »Die Rezepte der arancine – [auf Deutsch kleine Orangen] – variieren von Provinz zu Provinz. In Messina mischen wir das Risotto mit Safran, Butter, Parmesankäse und Ei, füllen es mit Ragout und formen daraus mandarinengroße Bällchen, die wir panieren und schließlich in Olivenöl frittieren.«

Die orange-knusprigen Reiskrokketten mit der antiken Tradition sind bei Mondo Arancina in zahlreichen Varianten zu haben. Neben dem klassischen Ragout kann man hier zwischen Auberginen, Pilzen, schwarzer Tintenfischsoße und einer Gemüsefüllung für Veganer wählen. Eine weitere Leckerei ist »Pane e panelle«, ein typisches Rezept aus Palermo: frittierte Pfannkuchen aus gemahlenen Kichererbsen, Wasser und Petersilie, die in Weißbrötchen mit Sesamkernen serviert werden.

Salvatore hat mit seinen sizilianischen Spezialitäten die Gaumen der Römer im Sturm erobert, und sein kleines Lokal ist stets überfüllt. Ob für die schnelle Mittagspause oder für den Imbiss vor dem abendlichen Kinobesuch: eine »arancina« stillt jeden Hunger, vor allem, wenn man danach ein leckeres Eis von nebenan schleckt. So können dank Salvatores Heimweh nach seinen sizilianischen Bergen die Römer heute die traditionellen Leckereien seiner Kindheit genießen.

Adresse Via Marcantonio Colonna 38, 00192 Rom (Prati), Tel. +39/06-97619213, www.mondoarancina.it, info@mondoarancina.it | **ÖPNV** Metro Linie A, Haltestelle Lepanto, Bus 70, 87, 186, 224, 280, 913, 926, Haltestelle Marcantonio Colonna | **Öffnungszeiten** Mo–So 10–24 Uhr | **Tipp** Das Stadtviertel Prati hat seinen Namen von den ausgedehnten, sumpfigen Weiden. Zum Schutz vor Überschwemmungen wurden entlang des Tibers weite Flächen aufgeschüttet und dann bebaut, mit schweren Folgen für die Stabilität der Bauten selbst. Der Justizpalast an der Piazza Cavour (fertiggestellt 1910) etwa drohte in den Fluss abzurutschen und musste aufwendig befestigt werden. Sein Architekt Calderini beging deshalb Selbstmord.

71 Moriondo e Gariglio
Es lebe die Confiserie

Im Jahre 1870 zogen zwei Chocolatiers von Turin nach Rom, um die gekrönten Häupter der frischgebackenen Nation mit Konfekt zu versorgen. Die königlichen Versuchungen der »Confetteria Moriondo e Gariglio« waren bald in der ganzen Stadt bekannt, und ihre feinen Rezepte überstanden Krisen, Weltkriege und das bittere Ende der Monarchie. Heute befindet sich die Confiserie mit den eleganten Schaufenstern und dem nostalgischen Flair in einem Sträßchen unweit der Via del Corso. Hier stellen Piera Minelli und ihr Sohn Marcello Proietti noch immer dieselben köstlichen Pralinen her, die schon den Monarchen des jungen Italiens das Leben versüßten. »Die Rezepte für unsere Schokolade wurden mündlich überliefert. Mein Mann lernte sie von seinem Meister Carlo Enrico Cuniberti und gab sie an unseren Sohn Attilio weiter. Das Geheimnis liegt in der Zubereitung: nur Zutaten bester Qualität ohne Zusätze, unnötige Experimente und komplizierte Mischungen.«

Neben einer beeindruckenden Auswahl an Pralinen zieren die Theke auch Marrons glacés und kandierte Früchte. In der Weihnachtszeit füllen sich die Regale mit dem beliebten Torrone, einem weißen Nougat aus Honig und Eiklar mit Mandeln, Haselnüssen oder Pistazien und feinem Schokoladenüberzug.

Drei Wochen später verwandeln sich am Dreikönigstag die Auslagen in einen süßen Hexensabbat. Die traditionellen Strümpfe der »Befana-Hexe« lässt Piera von einer alten Dame stricken und füllt sie mit den Leckereien aus eigener Produktion. Zu Ostern gibt es dann eine besondere Spezialität: die kunstvoll dekorierten Ostereier aus feinster Zartbitter- oder Milchschokolade, in denen der Kunde kleine Überraschungen verstecken kann. Während Piera die zarten Schokoladenjuwelen sorgfältig verpackt, sollte man sich entspannt eine ihrer berühmten Pralinen auf der Zunge zergehen lassen – ein fürstlicher Genuss, der schon den Monarchen des vereinten Italiens das Leben versüßte.

Adresse Via del Pie di Marmo 22, 00186 Rom (Rione Campo Marzio),
Tel. +39/06-6990856, info@moriondoegariglio.com | **ÖPNV** Bus 116, 116T, Haltestelle
Pie di Marmo | **Öffnungszeiten** Mo–Sa 9–19.30 Uhr, So 12–18.30 Uhr (Mai–Okt. So
geschlossen, 1.–31. Aug. geschlossen) | **Tipp** Die Via del Pie di Marmo (»Marmorfuß«)
hat ihren seltsamen Namen von dem Fuß einer kolossalen Marmorstatue, die wahrschein-
lich zu einem antiken Isis-Tempel gehörte und im 16. Jahrhundert hier ausgegraben und
aufgestellt wurde. 1878 stand der sperrige Marmor dem Leichenzug Viktor Emanuels II.
im Wege und wurde an die Ecke zur Via Santo Stefano del Cacco verfrachtet.

72 Mosaico

Schwindelerregendes Schuhdesign

Kaum eine Frau widersteht der Leidenschaft für italienische Damen-schuhe, deren exklusives Design und hochwertige Materialien einen Hauch von Luxus versprühen und jedem Outfit den unverzichtbaren letzten Schliff geben. Von den eleganten Pumps der trendbewussten Karrierefrauen über die schlichten Ballerinas der Studentinnen bis zu den exzentrischen Plateauschuhen für verrückte Nachtschwärmer belebt pünktlich zum Saisonwechsel ein brandneues Universum von Stilen und Materialen die Schaufenster und die weibliche Phantasie.

Doch die Wahl des erträumten Schuhpaars ist eine delikate Angelegenheit, denn der Schuh muss schön aussehen, zum per-sönlichen Stil passen und darf vor allem nicht drücken. Viele Rö-merinnen schwören daher auf ihr vertrautes Lieblingsgeschäft und nehmen dafür auch die Fahrt quer durch die Stadt in Kauf. In über 30 Jahren ist Martas Schuhboutique Mosaico zu einer etablierten Adresse des italienischen Schuhdesigns geworden.

»Als meine Eltern 1981 den Laden eröffneten, boten sie als Erste die exklusiven Schuhe der italienischen Marken an. Nach und nach kamen weitere Boutiquen hinzu, und heute ist die Via Jenner zur stilvollen Einkaufsstraße geworden.« Marta wurde in die Welt der Schuhmode hineingeboren und wusste von klein auf, dass sie nach Abschluss ihres Studiums die Führung des Geschäfts übernehmen wollte. Nun zieht sie durch Italiens Showrooms und Modemessen, um ihren Kundinnen die aufregendsten Neuheiten der Designer zu sichern.

»Oft lasse ich bei den Modellen die Farbe, das Material und sogar die Absatzhöhe ändern.« Ihre Kombination von neuesten Trends und persönlichem Stil findet stets begeisterte Abnehmer. Sie hat eine erklärte Schwäche für schwindelerregende Absätze und gewagte Formen, ohne jedoch den dezenten Chic zu vernachlässi-gen. Denn Marta möchte in ihrer Schuhboutique Mosaico in allen Frauen die Leidenschaft für italienische Damenschuhe wecken.

Adresse Via Edoardo Jenner 153, 00151 Rom (Monteverde), Tel. +39/06-5828789, Handy (Marta) +39/345-5830879, martadiveroli@hotmail.com | **ÖPNV** Bus 44, Haltestelle Jenner, Tram 8, Haltestelle Piazza San Giovanni di Dio | **Öffnungszeiten** Mo 15.45–19.45 Uhr, Di–Fr 9–13 & 15.45–19.45 Uhr, Sa 9–19.45 Uhr | **Tipp** Wenige Bushaltestellen weiter liegt der Stadtviertelmarkt an der Piazza San Giovanni di Dio. In diesem »mercato rionale« trifft man fast ausschließlich die Anwohner des Viertels an. Günstige Preise und großes Angebot.

73 La Muffineria

Genuss zwischen Zitaten

Roms Studenten sitzen über ihren Büchern, besuchen die Vorlesungen und gönnen sich zwischendrin eine verdiente Pause. Die verbringen sie am liebsten in den kleinen Lokalen unweit der Universität mit einer Tasse Kaffee und einem süßen Kalorienspender. Auch die jungen Erfinder der Muffineria wissen das genau, denn sie selbst haben gerade erst das Studentenleben hinter sich gelassen. Vor zwei Jahren beschloss Corrado, dessen Liebe zur Backkunst bei Weitem das Interesse am Jurastudium übertraf, den amerikanischen Minikuchen ein eigenes Lokal zu widmen.

Er begeisterte seine Freunde für die Idee, und gemeinsam krempelten sie die Ärmel hoch. Sie besuchten Kurse, wälzten Berge von Anträgen und brachten im Alleingang das Lokal im Univiertel in Schuss. »Unsere Unerfahrenheit war unser größtes Hindernis«, erinnert sich Francesca Barrassi, die über diese Erfahrung ihre Diplomarbeit schrieb. »Vor allem die Renovierung war nervenaufreibend. Vor jeder Entscheidung gab es lange Diskussionen, und jeder wollte seine Ideen einbringen.«

Das Ergebnis ist ein gemütliches Café, das die Kreativität seiner Inhaber in jedem Detail widerspiegelt. Francesca Barrassi hängte die zwei Schaukeln vor den Eingang, Francesca Marotta brauchte drei Nächte für die originelle Theke mit dem Büchermosaik, und Corrado bastelte aus umgestülpten Porzellantassen die Lampen im ersten Stock. Gemeinsam dekorierten sie schließlich die Wände mit aufgeschlagenen Büchern und Zitaten ihrer Lieblingsautoren.

Nun können die Studenten von morgens um halb neun bis spät abends mit ihren Freunden Kaffee, Tee und Cocktails trinken und zwischen zahllosen süßen und herzhaften Muffins wählen. Mit einem deftigen Gorgonzola-Muffin oder einer Kalorienbombe voller Nüsse und Nutella, beim gemütlichen Schwätzchen im Café oder auf dem Weg zur Uni können sich die römischen Studenten mit Corrados Muffins jederzeit ihre wohlverdiente Pause gönnen.

Adresse Via Ostiense 383, 00146 Rom (Ostiense), Tel. +39/06-83904695, www.lamuffineria.net, info@lamuffineria.net | **ÖPNV** Metro Linie B, Haltestelle Marconi, Bus 761, Haltestelle Ostiense/Valco San Paolo | **Öffnungszeiten** Mo–Do 10–24 Uhr, Fr 10–1 Uhr, Sa 16–1 Uhr, So 10–20 Uhr | **Tipp** Das Café liegt zwischen der dritten Universität Roms »Roma TRE« und der »Basilika von Sankt Paul vor den Mauern«, die 1823 niederbrannte und neu erbaut wurde. Der Säulengang des anliegenden Klosters, mit seinen Marmorintarsien einer der kunstvollsten des Abendlandes, überstand den Brand.

74__Myriam B.
Körperornamente

Wer Pailletten mit schrillen Faschingskostümen und glitzernden Abendkleidern verbindet, wird bei Myriam B. vergeblich suchen. In dem leuchtend weißen Atelier von Myriam Bottazzi kann man vielmehr matt schimmernde Körperornamente bewundern, die dem Mut zur Zweckentfremdung und zur gewagten Kombination der Materialien entspringen. So wird ein schlichter Juwelierdraht durch Hunderte von Pailletten in den warmen Farben des Herbstlaubs zu den abstrakten Zweigen ihrer Schmuckkollektionen »aspecifiche paillettes« oder den roten Korallenfingern ihres »red not coral«.

»Für meine Kollektionen lasse ich extra unregelmäßig geformte Pailletten in verschiedenen Größen ohne die typische glänzende Beschichtung anfertigen. Auch für die Farben wähle ich nur natürliche Töne wie Rot, Orange, Beige und Weiß.« Die vielseitige Mailänderin arbeitete für namhafte Modemacher ihrer Stadt, kreierte Schmuck für wichtige Modeschauen und Accessoires für gestylte Boutiquen, bis ihr Bedürfnis, sich von allen Einschränkungen frei zu machen, sie vor 15 Jahren aus der Welt der Haute Couture in das römische Künstlerviertel San Lorenzo führte.

Heute fühlt sie sich in den chaotischen Sträßchen mit ihren alten Werkstätten und kleinen Geschäften zu Hause. »Seit Jahren träumte ich davon, mein Atelier in die alte Nudelfabrik Pastificio Cerere zu verlegen. Hier war die Avantgarde der zeitgenössischen Kunst aktiv, und noch immer strahlt jeder Mauerstein Kreativität aus. Letztes Jahr habe ich es endlich geschafft, hier einzuziehen.«

Myriam ist nicht nur mit Pailletten kreativ, sie arbeitet mit einer Vielfalt anderer Materialien wie Gummi, alter Spitze und gebrauchtem Metall, das sie mit Halbedelsteinen und Federn veredelt. »Bei meiner Kollektion #sunny-!? wird eine durchscheinende Achatscheibe zur gefiederten Sonne.« Nur wer Pailletten mit individuellen Accessoires verbindet, kann bei Myriam B. sofort fündig werden.

Adresse Via degli Ausoni 7, 00185 Rom (San Lorenzo), Tel. +39/06-44361305, www.myriamb.it, info@myriamb.it | **ÖPNV** Bus 71, 140, 223, 492, C3, Haltestelle Tiburtina/Marrucini | **Öffnungszeiten** Mo–Sa 11–13.30 & 16–20 Uhr, So geschlossen | **Tipp** In San Lorenzo leben Studenten der nahe liegenden Universität »La Sapienza« und viele Künstler. In der ehemaligen Nudelfabrik Pastificio Cerere waren die Ateliers der »Nuova Scuola Romana«. Seit 2004 ist sie Sitz der Stiftung »Pastificio Cerere« zur Förderung zeitgenössischer Künstler (www.pastificiocerere.com).

75 Namas Tèy

Mit Tee ins neue Leben

Der Italiener ist kein leidenschaftlicher Teetrinker. Statt dem entspannenden »tea break« der englischen Tradition genießt er lieber die Espressopause an der Bar und bestellt sich höchstens schwarzen Tee für seinen Magen oder kühlen Eistee für den Durst. Der Touristenstrom aus Ostasien und die zunehmende Reisefreudigkeit der Italiener hat jedoch bei vielen das Interesse für den stimulierenden Trank mit seiner jahrtausendealten Geschichte geweckt, und auch Daniela konnte der Faszination des Teekults nicht widerstehen.

Während einer Urlaubsreise spazierte sie über Pekings Tee-Straße Maliandao, entdeckte den unschätzbaren Reichtum an roten, schwarzen, gelben, grünen und weißen Tees und verliebte sich in das Porzellangeschirr der »Jingdezhen«, die wertvollen chinesischen Keramikpötte und das moderne Designer-Teegeschirr aus Japan. »Ich war fest entschlossen, mein Leben von Grund auf zu ändern, schmiss meinen Job im Modedesign hin und startete mit meinem eigenen Teeladen in ein neues Leben.«

Auf ihren Reisen nach China knüpfte Daniela neue Kontakte, kaufte Tees aller Art und studierte deren Eigenschaften. »Heute führe ich 150 verschiedene Teesorten und stelle eigene Mischungen her wie etwa diesen Rooibostee mit Tulsi, dem sogenannten heiligen Basilikum Indiens. Mein Ayurveda-Mix enthält Ingwer, Zimt, Anis, Fenchel und Lakritze. Mit seinem frischen Aroma entspannt er die Magenwände.« Ein reiches Sortiment an Tassen, Kannen und Teefiltern, vom japanischen Teeservice bis zu Evandro Gabrielis exklusiven Keramikschüsseln, steht für den perfekten Teegenuss zur Verfügung, doch auch die Fans von Kaffee, Kakao und köstlichen Delikatessen werden hier das Passende finden. Daniela hält für ihre Gäste stets eine duftende Tasse bereit, um sich gemeinsam eine entspannte Pause zu gönnen und so die eingefleischten italienischen Espressotrinker zum entspannenden Teegenuss zu bekehren.

Adresse Via della Palombella 26, 00186 Rom (Rione Pigna), Tel. +39/06-68135660, www.namastey.it, namastey@namastey.it | **ÖPNV** Bus 116, 116T, Haltestelle Santa Chiara, mehrere Buslinien, Haltestelle Largo Torre Argentina | **Öffnungszeiten** Mo – Sa 11–19.30 Uhr, Nov. bis April auch So 15.30 – 19.30 Uhr | **Tipp** Zwischen Piazza della Minerva und Piazza di Sant'Ignazio lag der von Caligula im ersten Jahrhundert n. Chr. errichtete »Isis Campensis Tempel«. Aus diesem ägyptischen Tempel stammen die Obelisken von Piazza della Rotonda, Piazza della Minerva und Piazza Navona.

76__Nobili Studio Fotografico
Die neuen Stars

Der gute alte Zelluloidfilm geht in den Ruhestand und mit ihm die ratternden Filmspulen in den dunklen Kinosälen. Für Gisella und Dino Nobili ist dies ein Anlass, an ihre Anfänge beim Fotoroman zurückzudenken. Als der wöchentliche Kinobesuch noch ein Familienereignis war und die italienischen Teenager von ihren heiß geliebten Filmstars träumten, kamen die Verlage auf die geniale Idee, diese Träume auf Hochglanzpapier zu bannen. Der begehrte Fotoroman kurbelte die Produktion an, und Gisella fand ihren ersten Job beim Verlag. Dort half sie beim Layout und freute sich, wenn sie die Fotos vom Labor holen durfte, die Dino aus den Fotogrammen der Filmspule vergrößerte.

Gisella wollte sich den netten Fotografen nicht durch die Lappen gehen lassen: »Nach der Arbeit fuhr ich rein zufällig bei Dino vor und nahm ihn im Auto mit. Manchmal muss man dem Schicksal ein bisschen nachhelfen.« Schließlich heiratete Dino seine Gisella, und gemeinsam verwandelten sie in ihrer eigenen Redaktion die Träume ihrer jungen Leser in Fotostorys. Die Idylle hielt an, bis die Teenager der 1970er Jahre dem Fotoroman ein gelangweiltes Ende setzten.

Zeit für Dino und Gisella, ihre eigenen Berufsträume zu verwirklichen. »Wir waren beide begeisterte Hobbyfotografen. Also kauften wir eine gute Fotoausrüstung und richteten in der ehemaligen Redaktion unser Labor ein.« Alles, was sie von den Filmstars gelernt hatten, brachten sie nun bei den Familien an den Mann. »Seit den 70er Jahren sind unsere Familienkalender der Weihnachtsrenner.«

Im Lauf der Jahre ist das Fotostudio Nobili zum Stammfotograf des Stadtviertels geworden und geht mit den alten Reflexkameras genauso geschickt um wie mit der modernen Digitaltechnologie. Manchmal holen sie sogar die Fotoromane ihrer Anfänge aus der Schublade hervor, denen sie viel zu verdanken haben und die lange vor dem guten alten Zelluloidfilm in den Ruhestand gingen.

Adresse Via Federico di Donato 12, 00151 Rom (Monteverde), Tel. +39/06-65741284 | **ÖPNV** Bus 44, 44F, 773, N19, Haltestelle Di Donato | **Öffnungszeiten** Mo–Fr 9–13 & 16–19.30 Uhr, Sa 9–13 Uhr | **Tipp** Auch Sophia Loren und Gina Lollobrigida begannen ihre Karrieren als Darstellerinnen für Fotoromane. Die italienischen Filmklassiker werden in der »Casa del Cinema« im Park Villa Borghese vorgeführt (www.casadelcinema.it).

77__Nora P
Potpourri der Ideen

»Mein Laden ist ein Gefäß voller Dinge, Ideen und Emotionen. Ich fülle es mit meinen Erfahrungen auf, und jeder kann daraus schöpfen.« Es ist nicht leicht, Nora P zu definieren; das kreative Potpourri aus Atelier, Designershop und Kunstgalerie ist Ausdruck der Persönlichkeit seiner Schöpferin Eleonora Pastore: »Ich bin um die Welt gereist, habe interessante Menschen kennengelernt und viele Erfahrungen gesammelt.«

Um diesen Erfahrungen Ausdruck zu verleihen, nahm sie vor sechs Jahren die 150 Quadratmeter im zentralen Stadtviertel Monti, stellte Möbel aus allen Epochen hinein und dekorierte sie liebevoll mit Fundstücken aller Art, von der schnörkeligen Tischlampe zur gestylten Designervase, vom frisch gesteckten Blumenbouquet zum eleganten Modeschmuck aus den 1940er Jahren. Dann lud sie junge Maler und erfolgreiche Fotografen ein, die Wände mit ihren Kreationen zu schmücken, denn im heimischen Flair kommt Kunst weit besser zur Geltung als in einer sterilen Galerie. In ihrem Laden empfängt Eleonora ihre Kunden wie alte Freunde im eigenen Wohnzimmer. Man macht es sich auf dem cremefarbenen Sofa bequem und lässt bewundernd den Blick über die japanischen Teetassen, die filigranen Dekorationen des Tafelsilbers und die bunte Vielfalt von Stilrichtungen und Epochen schweifen.

»Jeder kann sich von meinen Ideen inspirieren lassen und dabei auch um die Unterstützung meines professionellen Teams bitten.« Zusammen mit Architekt Alessandro, ihrem unersetzlichen Mitarbeiter Andrea und einer zuverlässigen Gruppe von Handwerkern, Fotografen und Künstlern führt Nora P auch Renovierungen durch. Den passenden Stil entwickelt sie gemeinsam mit ihren Kunden und nimmt sich dafür reichlich Zeit. »Ich erforsche ihren Geschmack und ihre Vorstellungen und schneidere ihnen die Lösung auf den Leib.« Die Ideen dazu kann sie jederzeit aus ihrem entzückenden Gefäß voller Dinge und Emotionen schöpfen.

Adresse Via Panisperna 221, 00184 Rom (Rione Monti), Tel. +39/06-45473738, www.nora-p.com, nora.pastore@nora-p.com | **ÖPNV** Bus 71, 117, Haltestelle Milano | **Öffnungszeiten** Mo 15.30–19.30 Uhr, Di–Sa 10.30–13.30 & 15.30–19.30 Uhr | **Tipp** In der Via Panisperna 88 befand sich das Institut für Physik, in dem der Kernphysiker Enrico Fermi und seine »Ragazzi di Via Panisperna« die bahnbrechende Entdeckung der Kernspaltung durch gebremste Neutronenstrahlung machten. Diese Entdeckung brachte Fermi 1938 den Nobelpreis der Physik ein und machte ihn zum Mitbegründer der modernen Nuklearphysik.

78 L'Ora del Tè

Chippendale und Acryl

Das feine Chippendale-Porzellan im Glasschrank stammt aus London, die regenbogenfarbigen Acrylgläser auf dem Tisch daneben aus Florenz. Jeder Versuch, diese bunte Ansammlung von Epochen und Stilrichtungen in ein bestimmtes Schema zu zwängen, ist zum Scheitern verurteilt. Für eine Antiquitätenhandlung ist der Laden zu modern, für einen Design-Shop zu chaotisch. Daniela Pancallis L'Ora del Tè spiegelt ihr aufregendes Leben zwischen London und Rom wider, in dem sich englische Tradition mit italienischer Lebensfreude mischt.

Ihr sicheres Gespür für Antiquitäten hat Daniela ihrer langjährigen Ausbildung bei Christie's zu verdanken, das lebhafte Interesse für neue Ideen und innovative Materialien liegt ihr allerdings im Blut. »Das zarte Blumenmuster einer Porzellantasse begeistert mich genauso wie das Geflecht der Gummitentakel von Gaetano Pesce. Jeder soll in meinem Laden etwas Passendes finden, das seinem Geschmack und auch seinem Geldbeutel entspricht.«

Das stilistische Durcheinander soll die Neugierde ihrer Kundschaft wecken und einen Einblick in die unterschiedlichsten Epochen und Länder gewähren. Wichtig ist ihr dabei nur, dass jedes Stück ein Original ist. »Wer bei mir einen Designersessel aus den 1950er Jahren kauft, muss wissen, dass es sich nicht um eine Reproduktion handelt.« Beim Streifzug durch den Dschungel viktorianischer Nachtschränkchen, schwedischer Teakregale und zusammensteckbarer Pappkartonmöbel stößt man schließlich auf die revolutionären Kochtöpfe von KnIndustrie, die mit ihrer strahlend weißen Keramikbeschichtung einen interessanten Kontrast zu den leuchtend roten Salatschalen von Mario Luca Giusti bilden.

Eine Auswahl verschiedener Teesorten darf natürlich auch nicht fehlen. Daniela Pancalli gelingt es eben, mit südländischer Leichtigkeit die Tradition englischen Porzellans mit der transparenten Moderne italienischer Acrylgläser in Einklang zu bringen.

Adresse Via dei Vascellari 25, 00153 Rom (Trastevere), Tel. +39-065747741, dpancalli@tiscali.it | **ÖPNV** Bus 23, 44, 125, 280, Haltestelle Lungotevere Ripa, Tram 8, Haltestelle Piazza Mastai | **Öffnungszeiten** Mo 15–19.30 Uhr, Di–Sa 10.30–14 & 15–19.30 Uhr | **Tipp** Weitere zeitgenössische Designer findet man im MAXXI Nationales Museum der Künste des XXI. Jahrhunderts (Via Guido Reni 4a, 00196 Rom, www.fondazionemaxxi.it).

79__Ottagoni Food
Pane, Pasta und Glasfabrik

In den hellen Räumen der ehemaligen Glasfabrik kommen die modernen Möbel und blitzenden Edelstahlherde von Ottagoni wunderbar zur Geltung und bieten dem Besucher einen theoretischen Vorgeschmack auf köstliche Festessen in neu gestylten Küchen. Nach 20 Jahren Theorie kamen Silvia und Fulvia eines Tages auf die Idee, dass die blitzenden Edelstahlherde des Küchenstudios nicht nur den Vorgeschmack, sondern das gesamte Festessen bieten könnten, vor allem, wenn dabei Experten den Kochlöffel schwingen.

»Die italienische Tradition, ausgiebig mit der Familie zu essen, hat sich durch den hektischen Alltagsrhythmus und chronischen Zeitmangel verloren und beschränkt sich inzwischen auf wenige besondere Anlässe. Mit unseren Kochkursen wollen wir diese Tradition wieder aufleben lassen«, erklärt Sylvia. »Wir geben den Kursteilnehmern nützliche Tipps für den Einkauf – manchmal gehen wir auch gemeinsam auf den Gemüsemarkt von San Cosimato – und lassen uns von den Experten bei der Zubereitung leiten.«

Je nach Thema knetet man hier Brotteig, rollt Eiernudeln aus oder entdeckt die aufregende Vielfalt des toskanischen »peperoncino«. Doch Silvia und Fulvia bieten mehr als nur Rezepte. »In unseren Kursen geht es sehr lebendig zu. Die Leute stellen 1.000 Fragen, erzählen Anekdoten und lernen sich besser kennen.« Zum Abschluss wird alles gemeinsam am hübsch gedeckten Küchentisch verzehrt; so kann sich jeder über seine eigenen Erfolge freuen und die Kochkünste der anderen loben.

Neben Kursen über »pane, pasta und peperoncino« organisiert das Team von Ottagoni Food auch Kochwettbewerbe, Buchpräsentationen und Ausstellungen, bei denen sich alles um Lebensqualität und kulinarische Tradition dreht. Während so auf den blitzenden Edelstahlherden die würzigen Soßen und frischen Ravioli brodeln, füllen sich die hellen Räume der ehemaligen Glasfabrik mit dem Duft der guten alten Familientradition.

Adresse Via Goffredo Mameli 9, 00153 Rom (Trastevere), Tel. +39/06-58335405, ottagonifood.wix.com/ottagonifood, ottagonifood@gmail.com | **ÖPNV** Bus 44, 44F, 75, 115, 125, Haltestelle Morosini/Nuovo Regina Margherita, Bus 125, Haltestelle Piazza San Cosimato/Santini | **Öffnungszeiten** Mo 16–19.30 Uhr, Di–Sa 10–13 & 16–19.30 Uhr (20. Juni–3. Aug. Sa 10–13 Uhr); die Uhrzeiten der Kurse variieren (siehe Blog) | **Tipp** Der nahe gelegene Markt an der Piazza San Cosimato ist einen Besuch wert. Dort kann man neben den traditionellen Produkten aus dem Latium auch besondere Spezialitäten aus ganz Italien finden.

80__Ouroboros Gioiellificio

Blei zu Gold

Ouroboros ist das mächtige Bildsymbol der Alchemie – ein zum Zirkel geschlossener Drache verzehrt seinen Schwanz und steht damit für den unendlichen Wandlungsprozess der Materie, für die Transmutation von Blei zu Gold und Silber.

In seinem kleinen Labor, gleich hinter dem Pantheon, verarbeitet Marcello Gazzellini Alchemie, mystische Symbolik und antike Legenden zu einzigartigen Kompositionen. Im ständigen Wandel von Funktionen und Formen sprengen seine Schmuckstücke alle Konventionen. Die Elemente lassen sich zerlegen und neu zusammensetzen, der Ring wird zum Anhänger, der Anhänger verwandelt sich zur rotierenden Skulptur.

Gleichzeitig legt Marcello viel Wert auf die therapeutische Wirkung seiner Kreationen, verwendet Natursteine und Bergkristalle und verweist auf die Macht der Symbolik: »Symbole wirken auf unser Unterbewusstsein. Ihre positive Ausstrahlung kann unsere Seele heilen.«

Darüber grübelt er seit 26 Jahren in seiner Werkstatt über dem winzigen Laden nach, der sich verschlafen hinter den wilden Efeuranken versteckt. Wer diesem Mikrokosmos einen Besuch abstatten möchte, muss klingeln und ein bisschen warten, bis Marcello die kleine Treppe herunterklettert.

Hinter der Schaufensterauslage stauen sich auf engstem Raum die Kasse, ein paar Regale und ein kleiner Tisch. Dort sitzt der Alchemist und Goldschmied gerne mit seinen Kunden, philosophiert über den Sinn des Lebens und erzählt von seinen Experimenten.

»Diese Brosche stellt den Baum des Lebens dar. Wenn ich ein Band durch seine Zweige führe und dann an beiden Enden ziehe, rotiert die Brosche, und der Baum wird zur lebendigen Skulptur.« Begeistert erzählt er die Geschichte seiner kleinen Kunstwerke, verwandelt gewundene Ringe in Fassungen für kleine Bergkristalle und lässt glänzende Drahtgeflechte über farbigen Glasskulpturen tanzen – in einem endlosen Wandlungsprozess der Materie.

Adresse Via di Sant' Eustachio 15, 00186 Rom (Rione Sant' Eustachio), Tel. +39/06-68804584 | **ÖPNV** Bus 116, 116T, Haltestelle Santa Chiara, Bus 62, 64, 81, 87, Haltestelle Argentina | **Öffnungszeiten** Mo – Fr 8.30 – 19 Uhr; Sa, So geschlossen | **Tipp** Vor der Fassade zwischen dem Laden und der Kirche S. Eustachio stehen zwei imposante Säulen, die zu den heute zerstörten Nerothermen gehörten. Weitere zwei Säulen stützen die Vorhalle des Pantheons.

81 Palazzo del Freddo Fassi

Eine kleine Geschichte aus Eis

»Der Unterschied zwischen industriellem Eis und meinem Konditoreis liegt im Luftanteil und im direkten Kontakt zum Kunden.« Leonida Fassi lehnt sich lächelnd zurück und erzählt von Eismaschinen und Entscheidungen, die in der Eisproduktion Italiens Geschichte machten. Die Entscheidung seines Großvaters Giovanni, seine renommierte Anstellung als Hofkonditor aufzugeben, um 1902 die Konditorei mit eigener Eisherstellung zu eröffnen, brachte der Familie bald beachtliches Ansehen ein.

Sein Beschluss, 1928 gemeinsam mit Ehefrau Giuseppina und Sohn Salvatore dem Speiseeis einen ganzen Palast zu widmen, erhob den Palazzo del Freddo Fassi zum Vorläufer der modernen Eisdielen, die Jahrzehnte später das »gelato italiano« in der ganzen Welt beliebt machen würden. Mit seinem patentierten »Telegelato Giuseppina« öffnete Fassi die Türen und Herzen der Römer für seine frostigen Leckereien, bis mit dem Zweiten Weltkrieg dunkle Zeiten hereinbrachen. »1943 mussten wir aus Mangel an Zutaten schließen. 1945 beschlagnahmten die Amerikaner die Eismaschine meines Vaters. In diesen Jahren lernte er Alfred Wiesner kennen, der ihm nach Kriegsende vorschlug, gemeinsam den Schritt in die industrielle Eisproduktion zu wagen. Mein Vater lehnte ab und beschloss, dem hausgemachten Eis und seiner angestammten Kundschaft treu zu bleiben.«

Wiesner gründete ohne ihn seine Eisfabrik, die unter dem Namen »Algida« berühmt wurde, und Giovanni verwöhnte weiterhin gemeinsam mit Sohn Leonida in der Jugendstilhalle seines Eispalastes die Kunden mit bewährten Eissorten und immer neuen Spezialitäten wie »Sanpietrino« aus zartem Eis und knuspriger Schokoladenglasur. Heute hat Tochter Daniela die Verwaltung übernommen, Sohn Fabrizio den Orient erobert, und Leonida Fassi lehnt sich entspannt zurück, um lächelnd von Eismaschinen und Entscheidungen zu erzählen, mit denen Fassi und sein Eis in Italien Geschichte schrieben.

Adresse Via Principe Eugenio 65, 00185 Rom (Rione Esquilino), Tel. +39/06-4464740, www.palazzodelfreddo.it, palazzodelfreddo@tiscali.it | **ÖPNV** Metro Linie A, Haltestelle Vittorio Emanuele, Bus 105, 105L, Tram 5, 15, Haltestelle Eugenio/Manzoni | **Öffnungszeiten** April–Sept. Di–Do, So 12–21 Uhr, Fr–Sa 12–24 Uhr; Okt.–März Di–So 12–24 Uhr | **Tipp** Die Piazza Vittorio wurde 1871 zusammen mit dem gesamten Stadtviertel um den Hauptbahnhof errichtet. In der zentralen Parkanlage befinden sich ein Nymphäum und die magische Pforte, die der Marchese Massimiliano Palombara, Besitzer der dort befindlichen Villa und Anhänger der Alchemie, zwischen 1655 und 1680 errichten ließ.

82 Pasta Imperiale
Nudeln für die Lücke

Zur Mittagszeit stehen die Kunden bis auf die Straße, denn vor der Theke des Pasta Imperiale ist es wirklich eng, und die Nudeln schmecken wirklich lecker. Der tägliche Ansturm ist für Alberto und seine Freundin Caterina die Bestätigung, dass sie mit ihrer Pasta-Imbissstube in eine Marktlücke gerutscht sind: »Die Italiener hängen an ihrer Pizza und Pasta, doch während man die Pizza heute überall zum Mitnehmen bekommt, muss man sich für eine Portion Nudeln noch immer ins Restaurant setzen.«

Eigentlich hatten sich die beiden Pasta-Unternehmer eine Karriere an der Uni oder in der freien Wirtschaft vorgestellt, doch das Italien der Wirtschaftskrise hatte offenbar keine Verwendung für junge Akademiker, und so kehrten sie ins elterliche Restaurant in Ravenna zurück. Dort stand Alberto zwei Jahre in der Küche, lernte alles über »fettuccine alla bolognese« oder »piadina romagnola« und wagte gemeinsam mit Caterina den großen Schritt. Sie fanden den kleinen Laden direkt am Touristenstrom der römischen Altstadt und stellten einen Glaskubus samt Edelstahlküche und eine Kühltheke mit Glasauslage hinein.

Seitdem knetet Alberto jeden Morgen den Nudelteig, backt Berge von Fladenbroten und kocht seine leckeren Nudelsoßen, während Caterina die Zutaten für die »piadina« zusammen mit den Nudelsorten in die Kühltheke stellt und das Menü an die Tafel schreibt. Mittags läuft dann der Betrieb auf Hochtouren, und bei dem eingespielten Team stimmt jeder Handgriff. An der Theke füllt Caterina die Piadina-Fladen und nimmt die Bestellungen auf, im Glaskubus jongliert Alberto mit Töpfen und Pfannen.

Das Essen ist in wenigen Minuten fertig, doch der Andrang ist groß. Wer dann in dem winzigen Lokal keinen Platz findet, muss auf seine dampfenden Fettuccine nicht verzichten. Bei Pasta Imperiale kann man nämlich die italienischen Nudeln ganz amerikanisch im verschließbaren Pappbehälter einfach mitnehmen.

Adresse Via dei Coronari 160, 00186 Rom (Rione Ponte), Tel. +39/3201587421, lucchi.alberto@gmail.com | **ÖPNV** Bus 280, Haltestelle Lungotevere Tor di Nona/ Rondinella | **Öffnungszeiten** Di–So 12–15.30 & 18–24 Uhr | **Tipp** Unter dem Palazzo des Kardinals Serra di Monserrato in der Via dei Coronari 148 befindet sich der älteste Heiligenschrein Roms, »Immagine di Ponte«, der von Antonio da Sangallo dem Jüngeren 1523 errichtet wurde.

83 — Peperita
Feuriger Triumphzug

Rita und Romina wuchsen in den Hügeln und Olivenhainen der Toskana auf und wissen alles über die Gewinnung von Olivenöl. Seit Generationen presst die Familie Salvadori auf ihrem Landgut den goldenen Saft der grünen Frucht, und Romina führt diese Tradition noch heute fort. Ritas kreative Ader suchte jedoch nach neuen Horizonten. So nahm sie ein Stück Land und setzte ihre ersten Peperonisträuche.

»Ich habe mich in die unendliche Vielseitigkeit dieser wunderbaren Frucht verliebt. Der *peperoncino* eignet sich als Heilpflanze, für Kosmetik und ist die ideale Würze vom Aperitif bis zum Dessert.« Rita pflanzte neue Sträucher und noch mehr Varianten des pikanten Wunderdings, legte daneben Gemüsebeete, Kräutergärten und Obsthaine an, ohne dabei ihre geliebten Olivenbäume zu vergessen. »Inzwischen bin ich stolze Besitzerin von 29.000 Sträuchern mit etwa 200 verschiedenen Peperonisorten, gewinne mein eigenes hochwertiges Olivenöl und ziehe sogar die Kräuter und Zutaten meiner Spezialitäten im eigenen Garten.«

Peperita eroberte die Toskana, das Internet und schließlich Rom, wo sie seit 2012 im römischen Ghetto mit ihren scharfen Pulvern die Anhänger pikanter Gaumenfreuden verführt. Ihre motivierten Mitarbeiter Mattia, Marica und Elisa weisen die neugierigen Kunden in die geheimnisvolle Welt des *peperoncino* ein, erklären Farbe, Geschmack und Anwendung jeder Sorte: »Wir führen 16 Schärfegrade, vom delikaten Ají bis zum rot glühenden Trinidad Scorpion. Der scharfe Habanera Red ist ideal für Pizza und Schokolade, mit dem Banana Pepper würzt man gegrilltes Gemüse und Früchte.« Doch der *peperoncino* ist hier nicht nur als Gewürz zu haben. In den Holzregalen stehen Pasten, Marmeladen und aromatisiertes Olivenöl, auf einem Holztisch knusprige Brotstückchen und Schälchen mit den Kostproben. So hat Peperita aus den toskanischen Hügeln ihren feurigen Triumphzug in die Hauptstadt angetreten.

Adresse Via della Reginella 30, 00186 Rom (Rione Sant'Angelo), Tel. +39/347-3676352 und +39/393-6209346, www.peperita.it, info@peperita.it | **ÖPNV** Tram 8, Haltestelle Arenula/Carioli | **Öffnungszeiten** Mo–So 10.30–20 Uhr, Sa 10.30–21 Uhr | **Tipp** Peperita und das Olivenöl »Cavallina« werden auch in der Nähe ihres Landguts verkauft (Salvadori Franco & C., Podere S. Giulia, Loc. La California 42, 57020 Bibbona, Tel. +39/0586-677383, info@peperita.it).

84 Percossi Papi
Funkelnde Emotionen

»Wenn eine Kundin ein Schmuckstück bei mir bestellt, lasse ich mich durch ihre Persönlichkeit inspirieren und versuche, ihre Wünsche mit meiner Erfahrung und meinen Emotionen in Einklang zu bringen.« Für Diego Percossi Papi geht der Beruf des Juweliers über die pure Technik hinaus. Seine funkelnden Kreationen entstehen aus dem Zusammenspiel von Empfindungen, die seinen Stil unverwechselbar prägen. Dabei lehnt er sich an die antike Technik des Cloisonné an, eine Emailmalerei, bei der auf eine Platte Stege aufgelötet und die so entstandenen Zellen ausgefüllt werden. »Diese Technik finden wir in allen Bereichen wieder, sogar in den verschnörkelten Blumenbeeten der Barockgärten.«

Er ordnet einem zentralen Edelstein farblich passende dekorative Elemente und Edelsteine zu, verbindet sie mit geschwungenen Linien zu einer harmonischen Einheit und formt seine Zeichnung mit schmalen Goldstreifen nach. Nachdem er die Streifen auf eine Bronzeplatte aufgelötet hat, fügt er die Steine und Dekorationen ein und schneidet mit viel Geduld und Geschicklichkeit die Konturen aus der Platte heraus.

Der gelernte Architekt entwickelte vor 48 Jahren seine ganz persönliche Technik, die ihm die Anerkennung von Modeschöpfern und Kostümbildnern sowie internationale Preise einbrachte. So entwarf er etwa die Kronjuwelen für den preisgekrönten Film *Elizabeth – Das goldene Königreich*. Auch wenn er mittlerweile in Zusammenarbeit mit Frau Maria Teresa, Tochter Valeria und Sohn Giuliano ein Heer von Lehrlingen und Mitarbeitern beschäftigt, hängt sein Herz an dem winzigen Atelier hinter dem Pantheon, in dem seine Karriere 1966 begann. Dort kann man ihn noch heute an seinem Schreibtisch beobachten, während er die geschwungenen Linien seiner Juwelen zeichnet oder sich in ein angeregtes Gespräch mit einer Kundin vertieft, um sich von ihren Emotionen für ein funkelndes Juwel inspirieren zu lassen.

Adresse Via S. Eustachio 16, 00186 Rom (Rione S. Eustachio), Tel. +39/06-68801466, www.percossipapi.com, percossipapi@percossipapi.com | **ÖPNV** Bus 116, 116T, Haltestelle Santa Chiara, Bus 62, 64, 81, 87, Haltestelle Torre Argentina | **Öffnungszeiten** Mo–Sa 9–19 Uhr | **Tipp** Einen schwindelerregenden Einblick in den Reichtum des barocken Roms erhält man im »Palazzo Doria Pamphilj« mit seinen goldenen Stuckdecken und unzähligen Meisterwerken. Einzigartig sind die von Barockmusik untermalten Führungen (Palazzo Doria Pamphilj, Via del Corso 305, Tel: +39/06-6797323, www.dopart.it, täglich 9–19 Uhr, letzter Eintritt 18 Uhr).

85__Pifebo
Das Leben danach

Roms Studenten haben vage Zukunftsträume und kleine Geld-beutel. Elisa, Francesco und Cristiano wissen das genau, denn bis vor wenigen Jahren drückten auch sie gemeinsam die Uni-Bank. Mit dem Diplom in der Tasche sahen die drei Freunde, dass ihre Zukunft nicht im sicheren Job, sondern im freien Markt lag, und machten sich auf die Suche nach großen Trends zu kleinen Preisen.

»Wir waren von den Secondhandshops in Nordeuropa begeis-tert, die nicht einfach gebrauchte Klamotten verscherbelten, son-dern ihr Angebot sorgfältig auswählten. Oft fanden wir dort die alten Originale, an denen sich die großen Stilisten für ihre Kollek-tionen orientierten«, erzählt Elisa, die sich um den Laden im Vier-tel Monti kümmert. »Also klapperten wir die Flohmärkte ab und hängten die originellsten Stücke in den Laden im Studentenvier-tel San Lorenzo. Aus unseren Nachnamen Pittiglio, Ferrucci und Bomba bastelten wir ›Pifebo‹ zusammen, und unser Hund Orazio stand für das Logo Modell.«

Die Studenten stürmten den Laden, der Erfolg war riesig, und bald konnten sie zwei weitere Geschäfte eröffnen. Nach sieben Jah-ren macht die Suche nach den gebrauchten Trendsettern noch im-mer Spaß, auch wenn sie leider schwerer wird. »Die 1980er Jahre sind groß im Kommen, aber die billige Massenproduktion der Kon-sumgesellschaft brachte die Leute damals dazu, alles einfach wegzu-werfen. Und was übrig blieb, ist heute in einem miserablen Zustand.« Die tristen Aussichten für Secondhand schufen Platz für neue Ideen; heute hängen neben den geblümten Flower-Power-Kleidchen der 1970er Jahre und dem kleinen Schwarzen à la Audrey Hepburn neu gestylte Motorradjacken aus den 1980er Jahren und eine Kollektion selbst entworfener Sonnenbrillen. So haben die drei Freunde von Pifebo ihren vagen Zukunftsträumen einen kreativen Tritt versetzt und können nun mit Einfallsreichtum und großen Trends aus zwei-ter Hand ihre erfolgreichen Zukunftspläne schmieden.

Adresse Via dei Serpenti 141, 00184 Rom (Rione Monti), Tel. +39/06-89015204, www.pifebo.com, pifeboshop@gmail.com | **ÖPNV** Metro Linie B, Haltestelle Cavour, Bus 75, Haltestelle Cavour/Annibaldi, Bus 117, Haltestelle Serpenti | **Öffnungszeiten** Mo–Sa 11–15 & 16–20 Uhr, So 12–20 Uhr | **Tipp** Pifebo hat zwei weitere Secondhand-shops: Via dei Volsci 101/b, 00141 Rom (S. Lorenzo), Bus 81, 673, 714, 717, Haltestelle Ambra Aradam, Tel. +39/06-64870813, Mo–Sa 11–15 & 16–20 Uhr und Via dei Valeri 10, 00184 Rom (San Giovanni), Tram 2, 3, 19, Haltestelle Reti, Bus 71, 140, 223, 492, Haltestelle Tiburtina/Dalamati, Tel. +39/06-98185845, Mo–Sa 12–20 Uhr.

86 _ Pink Moon
Highlights auf Vinyl

Manch einer blickt wehmütig auf die Zeit zurück, als er die neueste LP der Beatles oder das legendäre Album von Pink Floyd aus dem Zellophan schälte und die sorgfältig abgestaubte Schallplatte auf den Plattenteller legte. Der Ton klang glasklar und – noch – kratzerfrei aus den Boxen, doch hielt das Vergnügen oft nicht lange. Je größer die Begeisterung war, desto kratziger wurde der Sound, bis schließlich beim hundertsten Abspielen die Saphirnadel an der schönsten Stelle hängen blieb.

Zum Glück gab es da Musikfans wie Alessandro Girlando, die nicht nur die neuesten Platten aus Europa und den USA erstanden, sondern diese auch mit dem nötigen Respekt behandelten. Bald fand Sandro heraus, dass er auf dem Flohmarkt und unter den Studenten dankbare Abnehmer für seine gut erhaltenen Prunkstücke fand, und hatte bald seine Stammkundschaft. Mit dem letzten ABBA-Album »The Visitors« kam 1982 die moderne CD auf den Markt, die sehr schnell die empfindliche Vinylplatte ablöste, und Sandro sammelte nun neben den guten alten LPs auch Highlights und Geheimtipps im digitalen Sound.

Nach zehn Jahren machte er sich selbstständig, und sein Pink Moon wurde zum beliebten Treff von Musikfans und nostalgischen Sammlern auf der Suche nach der unauffindbaren LP von Bob Dylan oder der bedruckten Platte von Iron Maiden. »Als ich 1993 meinen Laden eröffnete, wussten die Kunden bereits, dass sie in dem großen Angebot gebrauchter Platten und neuer CDs die ausgefallensten Raritäten finden konnten.« Natürlich ist er immer über die Neuheiten auf dem Musikmarkt informiert und gibt dabei jungen Musikern und Independent-Labels den Vorrang. »Die großen Labels machen auch ohne mich ihr Geschäft. Stattdessen biete ich hier unabhängige Musik von besonderer Qualität.« Pink Moon hat sie alle unter einem Dach – den jungen Musiker auf dem Weg zum Erfolg, die letzte Beatles-LP und das legendäre Album von Pink Floyd.

Adresse Via Antonio Pacinotti 5, 00146 Rom (Marconi), Tel. +39/06-5573868, www.pinkmoonrecords.com, pinkmoon@pinkmoonrecords.com | **ÖPNV** Zug 4, FL1, FL3, FL5, Tram 8 bis Stazione Trastevere, Bus 170, 766, 780, 781, C6, Haltestelle Piazza della Radio | **Öffnungszeiten** Mo–Sa 10–13 & 15–19.30 Uhr | **Tipp** Die Via Antonio Pacinotti führt zur einzigen Eisenbrücke Roms: »Ponte Industriale« (1863). Wer die Brücken Roms aus einer ungewöhnlichen Perspektive betrachten will, kann über eine Rampe vom Lungotevere degli Artigiani auf den Radfahrerweg gelangen. Der Weg führt vom Norden Roms (Castel Giubileo) bis zum Südwesten (Magliana) am Tiber entlang.

87 — G. Poggi
Drachenblut und Katzenzunge

Bereits im 17. Jahrhundert kauften im Gemischtwarenladen Poggi die Hausfrauen ihre Bürsten und die Maler ihre Pinsel. Nach Jahren hängte Gaspare Poggi die Bürsten an den Nagel und eröffnete in der Via del Gesù seine Handlung für Künstlerbedarf. Dort gehen seit 1825 einfache Anstreicher und anspruchsvolle Restauratoren, anonyme Farbkleckerer und berühmte Porträtmaler ein und aus, denn bei Poggi können sie von der Leinwandgrundierung bis zur Holzglasur alles für ihre Kunst erstehen.

Neben bunten Acryl- und Ölfarben mit komplizierten Bezeichnungen wie Phthalsäure Blau und Pyrrol Rot warten Erdpigmente mit den poetischen Namen »Terra di Siena« und »Ercolanum Orange« darauf, ein verblichenes Fresko wieder aufleben zu lassen oder die Pinselstriche eines modernen Leonardo zu inspirieren. Für den passenden Pinsel steht man schließlich vor dem Wald aus Spitz-, Spreiz- und Rundpinseln, Katzenzungen, Borsten aus Synthetik oder Kaninchenhaar und ruft um fachmännische Hilfe.

Die bekommt man dann von einem alten Hasen wie Domenico, der seit 1960 mindestens drei Generationen von Sonntagsmalern und großen Künstlern wie De Chirico das Terpentin gereicht hat. Domenico grundiert Leinwände, berät bei der Entscheidung zwischen Tempera- und Wasserfarbe und verliert dabei nie seinen römischen Humor: »Mir liegt der Laden am Herzen, meinem Chef Piero Poggi eher auf dem Magen.« Freundlich erzählt er von antiken Farbmischungen und moderner Sprühtechnik, erklärt die Anwendung von Lacken und Harzen: »Dieser rotbraune Naturharz mit dem schaurigen Namen ›sangue di drago‹ – Drachenblut – wird seit der Antike gegen Durchfall und zum Einbalsamieren verwendet. Wir verkaufen ihn aber eher als Lack an Geigenbauer und Restauratoren.« Die humorvolle Freundlichkeit und Kompetenz eines Domenico ist damals wie heute der Grund, warum anonyme Farbkleckerer und berühmte Künstler immer noch gerne bei Poggi ihre Pinsel kaufen.

Adresse Via del Gesù 74/75, 00186 Rom (Rione Pigna), Tel. +39/06-6990856,
www.poggi1825.it, info@poggi1825.it | **ÖPNV** Bus 116, 116T, Haltestelle Pie' di Marmo |
Öffnungszeiten Mo–Sa 9–14 & 15–19.30 Uhr | **Tipp** Giorgio de Chirico wohnte bis
zu seinem Tode 1978 in einer dreigeschossigen Wohnung neben der Spanischen Treppe.
20 Jahre später wurde ein Privatmuseum daraus (fondazionedechirico.org,
Tel. +39 06-6796546, tägliche Führungen um 10, 11, 12 Uhr, Reservierung erforderlich).

88 _ Polvere di Tempo
Die Vermessung der Zeit

Sie verrinnt, lässt sich nicht aufhalten, doch die Menschheit hat nie Mittel und Wege gescheut, sie zumindest festzuhalten: die Zeit. Man nutzte Sonnenlicht, Himmelskörper und Schwerkraft, ließ Wachs schmelzen und feinen Sand rieseln, erfand ausgefeilte Mechanismen und kunstvolle Verzierungen.

Leider sind in der Ära der Digitaluhren viele dieser Tüfteleien in Vergessenheit geraten. Wäre da nicht Adrian Anibal Rodriguez. In seinem Geschäft Polvere di Tempo – »Staub der Zeit« – lässt er sie wiederauferstehen. Der gebürtige Argentinier und ehemalige Architekt hängte vor 25 Jahren seinen Beruf an den Nagel, um sich ganz seiner Leidenschaft für historische Zeitmessgeräte zu widmen. Seitdem konstruiert er in seiner kleinen Werkstatt originalgetreue Kopien antiker Sonnen-, Sand- und Kerzenuhren, die neben Wachssiegeln, Globen und kuriosen Messgeräten die Regale seines Ladens zieren. Für seine kleinen Kunstwerke verwendet er ausschließlich natürliche Materialien wie Holz, Glas und Messing.

Jedes Gerät hat eine besondere Geschichte, und Adrian ist gern bereit, sie mit sanftem spanischen Akzent zu erzählen und die Mechanismen zu erklären: »Im Mittelalter verwendete man nachts diese Sternuhr, das sogenannte Nocturlabium. Man visiert durch das Loch den Polarstern an und zieht die Parallele zum Großen Bären … Für sonnige Tage gab es das Diptychon. Wenn der Kompass nach Norden zeigt, wirft diese diagonal gespannte Kordel ihren Schatten auf die exakte Uhrzeit.«

Er nimmt sich viel Zeit für jeden Kunden, führt ihn durch sein Reich der Ideen, das für die moderne Alltagshektik unzugänglich bleibt. »Meine Ladentür ist keine Öffnung, sie ist ein Filter. Wer zu schnell vorbeieilt, wird den Zugang zwischen den Efeuranken nicht finden.« Es wäre doch sehr schade, wenn man bei all der Eile die Gelegenheit verpassen würde, bei Adrian Anibal Rodriguez die Geschichte der Zeit einzufangen.

Adresse Via del Moro 59, 00153 Rom (Trastevere), Tel. +39/06-5880704, www.polvereditempo.com, adrian@polvereditempo.com | **ÖPNV** Bus 23, 125, 271, 280, Haltestelle Lungotevere della Farnesina Höhe Ponte Sisto | **Öffnungszeiten** Mo–Sa 9–13 & 16–19.30 Uhr | **Tipp** In der Via del Moro (Ecke Via della Pelliccia) befindet sich das »Antico Caffè del Moro«, von dem der Straßenname stammen soll. Über der Eingangstür hängt noch das alte Ladenschild aus dem 19. Jahrhundert, auf dem Soldaten mit farbigen Mädchen anstoßen, eine Anspielung auf die damalige italienische Kolonie Abessinien.

89 __ Il Pozzo

Vittorio und seine Söhne

Seit Vittorio Peroni 1973 »Er Pozzo der Gelato« einweihte, wurde seine Bar und Eisdiele zur Anlaufstelle für die Anbeter des morgendlichen Cappuccino, der sommerlichen Eistüte und der sonntäglichen »pasticcini«. Generationen von Kindern warteten vor der Theke auf ihr Eis, an der Kasse gab es Zigaretten und Kaugummis, und die Flasche Milch fürs Frühstück holte man sich aus dem Kühlschrank. Wenig später eröffnete Vittorios Bruder Sandro seine Pizzeria gleich nebenan; nun hatten die Familien des Stadtviertels alles, was sie sich nur wünschen konnten.

Die Jahrzehnte vergingen, und zwischen Kaffee, Eis und Pizza wuchs die nächste Generation heran. »Ende der 90er Jahre übernahm ich mit meinen Brüdern Marco und Massimo das Lokal«, erinnert sich Vittorios Sohn Stefano. »Nach 24 Jahren hatte die karge Einrichtung eine gründliche Renovierung nötig. Von den alten Zeiten blieb nur das große Foto hinter der Kasse übrig.« Im neuen Outfit ihrer Bar schmiedeten die geschäftstüchtigen Brüder Peroni große Pläne, die sie vor zwei Jahren schließlich in die Tat umsetzten. »Wir vereinten die Bar und die Pizzeria zu einem einzigen Lokal mit verschiedenen, ineinander übergehenden Bereichen. Den Namen änderten wir in ›Il Pozzo‹ um.«

Heute blitzen im strahlenden Licht der Sternenlüster imposante Edelstahltheken, die geschickte Konditorhände unermüdlich mit süßem Feingebäck und herzhaften Snacks auffüllen. Durch die Glaswände der Restaurantküche kann man den Chefköchen bei der Arbeit zusehen, im Cake Studio entstehen Hochzeitstorten in allen Größen und Farben. Aus der ganzen Stadt kommen die Gäste hierher, um zur Happy Hour mit einem Drink in den eleganten Sesseln zu versinken, nur der Blick auf das alte Foto hinter der Kasse erinnert die nostalgischen Stammkunden an die Zeiten, als Vittorio Peroni in seiner Eisbar die jungen Familien mit Cappuccino, Eistüten und »pasticcini« versorgte.

Adresse Viale Isacco Newton 84, 00151 Rom (Colli Portuensi), Tel. +39/06-6536837, www.ilpozzo1973.it, info@ilpozzo1973.it | **ÖPNV** Bus 31, Haltestelle Newton/Ussani, Bus 33, 44, 773, Haltestelle Colli Portuensi/Newton | **Öffnungszeiten** Mo–So 6–1 Uhr | **Tipp** In der bezaubernden Villa des nahe liegenden Stadtparks »Villa Flora«, Via Portuense 610, haben ein kleines Theater, »Abraxa Teatro«, und eine Katzenkolonie ihren Sitz (www.abraxa.it, www.igattidivillaflora.it).

90__Rachele

Schwedischer Regenbogen

In dem engen Gässchen unweit des Campo de' Fiori liegt ein verwunschener kleiner Laden, versteckt hinter dichtem Blumengeränk und dicken Eisengittern. Am Fenster sitzt Rakel Fahreus und zaubert mit ihrer Nähmaschine entzückende Latzhöschen und Cordkleidchen in sonnigem Orange, strahlendem Gelb und Kobaltblau. Auch bei ihren selbst gestrickten Pullovern und liebevoll gehäkelten Babyschühchen spielt sie fröhlich mit der kompletten Regenbogen-Farbskala und stellt sich dabei lebhafte, neugierige Kinder vor, die Fangen spielen und auf Bäume klettern.

»In Italien kleiden viele Eltern ihre Kinder wie kleine Erwachsene. Mir tut das sehr leid, denn Kinderkleidung muss praktisch sein und viel Bewegungsfreiheit lassen. Für meine kleinen Kunden wähle ich widerstandsfähige Stoffe wie Cord und Jeans und bequeme Modelle.« Rakel lässt sich dabei nicht von der Mode beeinflussen. Ihr Stil ist vielmehr das Ergebnis ihrer langen Erfahrung. »Als ich vor 15 Jahren den Laden eröffnete, nähte ich schon seit Langem für meine Freunde. Am Anfang waren die Regale noch fast leer, doch mit der Zeit habe ich sie aufgefüllt.« Rakels bunte Kleidchen und Mäntel erinnern an Astrid Lindgrens Kindergeschichten und Carl Larssons lebendig-fröhliche Aquarelle, mit denen die gebürtige Schwedin aufwuchs und die ihre Kreationen noch heute prägen.

Sie selbst hat sich nach 30 Jahren vollkommen dem Leben in ihrem geliebten Rom angepasst. »Ich kam nach dem Abitur hierher und liebe diese Stadt mit all ihren Widersprüchen. Die italienische Bürokratie und die Wirtschaftskrise machen mir das Leben nicht leicht, aber ich habe keine großen Ansprüche. Dank meiner Stammkundschaft konnte ich bisher den Laden über Wasser halten und bin damit zufrieden.« Mit ihrem strahlenden Lächeln verzaubert Rakel den kleinen Laden und erfüllt das enge Gässchen unweit des Campo de'Fiori mit den Regenbogenfarben einer fröhlichen Kindheit.

Adresse Vicolo del Bollo 6, 00186 Rom (Rione Parione), Tel. +39/06-6864975, www.racheleartchildrenswear.it, rachele_art@yahoo.it | **ÖPNV** Bus 46, 62, 64, 571, 916, 916F, Haltestelle Corso Vittorio Emanuele/Navona | **Öffnungszeiten** Di–Sa 10.30–14 & 15.30–19.30 Uhr | **Tipp** Unweit des Vicolo del Bollo liegt der »Palazzo della Cancelleria« (1513). Die majestätische Fassade und der formvollendete Innenhof machen diesen ersten Renaissancebau Roms zu einem der schönsten Paläste der Stadt (Öffnungszeiten: Mo–Sa 7.30–14 & 16–20 Uhr).

91_Re(f)use

Kreativ aus der Konsumgesellschaft

Nach einem Leben im schillernden Reich der Haute Couture wollte Ilaria Venturini Fendi Abstand von der Konsumgesellschaft gewinnen und zog sich aufs Land zurück. Dort widmete sie sich dem biologischen Anbau und erforschte neue Wege, Kreativität, Konsum und Umweltschutz in Einklang zu bringen.

Aus Abfallprodukten zauberte sie elegante Taschen, ausgefallene Accessoires, Möbel im hochwertigen Design – und gründete 2006 ihre eigene Linie: Carmina Campus.

Bei diesem Abenteuer stand ihr von Beginn an ihre Pressereferentin und Vertraute Elisabetta Facco zur Seite: »Wir experimentierten mit Duschvorhängen und Metallrohren und strapazierten die Geduld unserer Handwerker, die bei den Fendi-Kollektionen an völlig andere Materialien gewöhnt waren.« Für ihre Kreationen kauft Ilaria Auslaufmodelle und alte Ladenhüter auf, sammelt Reste der Lederverarbeitung, Proben von Musterkollektionen und verarbeitet sie zu eleganten Taschen und Portemonnaies. Für die Griffe und Verschlüsse verwendet sie umfunktionierte Lichtschalter und Flaschendeckel. Doch ihr Engagement geht darüber hinaus. »Seit 2007 setzen wir uns für die Verbesserung der Arbeitsbedingungen in Afrika ein. In Zusammenarbeit mit der UNO-Organisation ›International Trade Centre‹ beauftragen wir Kleinstbetriebe in Kenia mit der Produktion unserer Fair-Trade-Kollektion und stellen ihnen unser Know-how und faire soziale Bedingungen zur Verfügung.«

RE(f)USE fasst in einem Wortspiel die Lebensphilosophie von Carmina Campus zusammen: »Refuse« heißt Abfall und »Reuse« Wiederverwendung. In schlichter Eleganz reihen sich hier die farbenfrohen Taschen von Carmina Campus neben den beeindruckenden Autoreifenskulpturen von Serge Van de Put und dem genial glitzernden Kronleuchter aus Brillengläsern von Stuart Haygarth. RE(f)USE und Carmina Campus sind der kreative Weg aus der Konsumgesellschaft direkt in die schillernde Welt der Wiederverwertung.

Grigio

Nero

Grigio

Tortora

Nero

Marrone

Nero

Tango

Tortora

Grigio

Grigio

T. Moro

Grigio

Adresse Via della Fontanella Borghese 40, 00186 Rom (Campo Marzio),
Tel. +39/06-68136975, www.carminacampus.org, info@carminacampus.org | **ÖPNV**
Bus 117, 119, Haltestelle Largo Goldoni | **Öffnungszeiten** Mo 15–19 Uhr, Di–Sa
10–19 Uhr | **Tipp** Auf ihrem Landgut »I Casali dei Pini« im wunderschönen Naturpark
»Parco di Veio« organisiert Ilaria Venturini Fendi im Frühling eine interessante Blumen-
messe (Flora CULT, Via Andreassi 30, 00123 Rom, Tel. +39/06-30896488,
www.floracult.com, info@floracult.it).

92 Restauro Tappeti Hallak
Youssefs Reisen

In der Via del Pellegrino gibt es eine Tür zum Orient. Schon am Eingang lassen die bunten Schalen voller glitzernder Glasperlen die Geschichten von Tausendundeiner Nacht wieder aufleben.

Eine orientalische Märchenwelt – Scheherazade hätte sie nicht besser beschreiben können. Der etwas düstere, mit Regalen und Kisten vollgestopfte Raum wirkt wie die Schatztruhe eines Sultans, nur stapeln sich hier nicht Gold und Edelsteine, sondern Glas in allen Formen und Farben. Verzierte Vasen aus der Türkei, rustikales Tongeschirr aus Persien, verschnörkelte Laternen aus Syrien – der gesamte Orient ist in seiner üppigen Farbenpracht vertreten.

An einem kleinen Holztisch sitzt der Wächter dieser Schätze und beobachtet aufmerksam, wie die Neugierigen verzückt mit den Glasperlen spielen und die bunten Laternen wie ein Kaleidoskop gegen das Licht halten. Vor 33 Jahren kam der Syrer Youssef Hallak aus Damaskus nach Rom, um alte Teppiche zu restaurieren. »Sehr bald begann ich zu reisen, um Teppiche aus dem Orient zu importieren. Auf den Märkten in Syrien, dem Iran und der Türkei stöberte ich dann auch diese vielen Schätze aus buntem Glas auf.«

Nach und nach füllten sich der Raum im Erdgeschoss und das Labyrinth der Kellergewölbe, das man über eine schmale Steintreppe erreicht. Die Auswahl ist derart groß, dass das antike Gemäuer vollkommen hinter den überladenen Regalen an den Wänden und den bunten Lampen an der Decke verschwindet. Also nahm Youssef noch weitere Lagerräume hinzu, in denen nun imposante Kristalllüster, prachtvolle Teppiche und antike Gobelins verschlafen auf ein neues Leben warten.

Heute hat der Bürgerkrieg in Syrien Youssefs Reisen ein jähes Ende bereitet. Er stellt traurig fest: »Es wird lange dauern, bis wir wieder mit dem Orient Geschäfte machen können.« Nun sitzt er betrübt in seiner Schatztruhe und hofft, dass sich die Tür zum Orient eines Tages erneut auftun wird.

Adresse Via del Pellegrino 55, 00186 Rom (Rione Parione), Tel. +39/06-68308957, youssef.roma@libero.it | **ÖPNV** Bus 46, 62, 64, 571, 916, 916F, Haltestelle Corso Vittorio/ Navona | **Öffnungszeiten** Mo–Sa 10–19.30 Uhr, So 15–19.30 Uhr | **Tipp** Neben seinem Laden hat Youssef ein Restaurant eröffnet, das in seiner Üppigkeit den arabischen Lokalen des Osmanischen Reichs nachempfunden ist (»Sciam«, Via del Pellegrino 56, Tel. +39/06-68308957).

93__Retrò
Menschen und Möbel

Wer heute 50 wird, hat mit ihnen gelebt: das graue Siemens-Telefon mit der Bakelit-Drehscheibe, der erste Farbfernseher und die schwedischen Teakholzmöbel samt Nierentisch. Als die minimalistischen Designsessel und pastellfarbenen Resopalküchen in den Wohnungen Einzug hielten, glaubte man fest an die industrielle Serienproduktion und hegte endloses Vertrauen in die Zukunft. Die Möbel und Elektrogeräte dieser Jahre waren mehr als nur Gegenstände, sie waren Ausdruck eines Lebensgefühls.

Vor elf Jahren kamen daher drei Schwestern auf die Idee, in ihrer Galerie Retrò die Stimmung dieser Jahre wieder aufleben zu lassen. Rosanna machte sich auf die Suche nach den begehrten Statussymbolen des Wirtschaftswunders, Mariapia kümmerte sich um die Logistik, und Adriana fand für jedes Stück den geeigneten Platz im Laden. Dort kann man nun elegante Glaskreationen aus Murano, Böhmen und Dänemark neben glitzernden Strass-Armbändern amerikanischer Diven und Meilensteinen des Designs wie dem Kugelsessel von Eero Aarnio bewundern. Nichte Laura beschreibt die Stimmung dieser kreativen Zeit: »Alles begann mit der Erfindung des Bakelit, Vorfahr des heutigen Plastiks. Das neue Material war widerstandsfähig, hitzebeständig und konnte in Serie produziert werden. So hielt ein Heer von praktischen Dosen und Elektrogeräten wie dieses rote Siemens-Telefon aus den 1940er Jahren in den Haushalten Einzug.« Jedes Stück im Laden ist ein Original und hat seine Geschichte: »In den 1960er Jahren warfen Erwin & Estelle Laverne mit ihrem ›Lily Chair‹ aus durchsichtiger Lucite alle Konventionen über Bord.« Laura zitiert das Konzept des Designerpaars: »Das wichtigste Element in einem Raum sind Menschen, nicht Möbel.«

Wer heute 50 wird und bei Retrò ein Teakholztischchen oder eine Muranovase ersteht, kauft damit also mehr als einen Gegenstand – er holt sich das Lebensgefühl seiner Kindheit nach Hause.

Adresse Piazza del Fico 21, 00186 Rom (Ponte), Tel. +39/06-68192746, www.retrodesign.it, info@retrodesign.it | **ÖPNV** Bus 46, 62, 64, 571, 916, 916F, Haltestelle Corso Vittorio/ Tassoni | **Öffnungszeiten** Mo–Sa 11–13 & 16–20 Uhr | **Tipp** In der gegenüberliegenden »Bar del Fico« kann man den malerischen kleinen Platz bei einem Cappuccino genießen, gleich dort zum Essen bleiben und bis in die späte Nacht Cocktails schlürfen (Piazza del Fico 26, Tel +39/06-68808413, www.bardelfico.com, info@bardelfico.com, täglich 8–2 Uhr).

94__SAID dal 1923
Mit Zimt, Chili oder bitte mit Sahne

Heiße Schokolade ist ein Hochgenuss, der alle Sinne anspricht: Sie verströmt ihren süßen Duft, zergeht zart schmelzend auf der Zunge und hüllt den ganzen Körper in entspanntes Wohlbefinden. Wer sich diesem Vergnügen stilvoll hingeben will, ist bei SAID an der richtigen Adresse. Carla und Fabrizio de Mauro, ideenreiche Geschäftsführer und Enkel des Gründers, haben vor drei Jahren die Hallen der großväterlichen Schokoladenfabrik in eine geschmackvolle Kombination aus Confiserie, Bistro und Restaurant verwandelt.

»Schokolade ist ein hochwertiges und extrem vielseitiges Nahrungsmittel, das in vielen Rezepten von der klassischen Tafel Schokolade bis zur ungewöhnlichen Raviolifüllung Anwendung findet. Wir wollten unseren Kunden diese Vielfalt in einem ›concept store‹ der Schokolade nahebringen.« Nun kann man an einem der alten Arbeitstische Platz nehmen oder im bequemen Sessel versinken und seine heiße Schokolade mit Zimt, Chilipfeffer oder einer süßen Sahnehaube genießen. Dabei schweift der Blick von der Conchiermaschine über das Wandmosaik alter Pralinengießformen bis zur riesigen Theke mit einem Schlaraffenland aus verführerischen Miniaturtorten, Cremespeisen und Tiramisu. Im Wintergarten lockt das Restaurant »B-SAID« mit seiner reichen Auswahl an traditionellen Speisen und Spezialitäten – eine Symphonie von Würze und schokoladiger Süße.

Hinter einer großen Glasscheibe bereiten die Schokoladenmeister ihre köstlichen Kreationen zu, mit denen sie die Theke des Cafés und die Glasvitrinen der Confiserie füllen. Nach einem Besuch dieser magischen Welt der Schokolade kommt niemand an den Auslagen vorbei, ohne sich eine stilvolle Pralinenschachtel mitzunehmen oder sich ein paar gefüllte Schokoladeneier oder kandierte Früchte in ein Tütchen füllen zu lassen. Ob dampfend aus der Tasse oder zart schmelzend aus der Schachtel, die Schokolade von SAID ist stets eine stilvolle Zungenweide.

Adresse Via Tiburtina 123, 00185 Rom (San Lorenzo), Tel. +39/06-4469204, www.said.it, said@said.it | **ÖPNV** Bus 71, 140, 223, 492, C3, Haltestelle Tiburtina/Marrucini | **Öffnungszeiten** Di–So 10–1 Uhr | **Tipp** Sehenswert und ganz in der Nähe sind der Monumentalfriedhof »Campo Verano«, 1807 von Giuseppe Valadier angelegt, und die »Basilica di San Lorenzo fuori le Mura« (Basilika von Sankt Laurentius vor den Mauern), eine der sieben Pilgerkirchen Roms.

95 _ Sant'Eustachio il Caffè
Applaus in der Pause

Niemand kann in Rom auf seinen *caffè* in der Bar um die Ecke verzichten, sei es zum Frühstück mit Cappuccino und Cornetto, nach dem Essen oder nur, um kurz Energie zu tanken. Hauptdarsteller ist dabei der traditionelle Espresso. Der kleine Schwarze muss dampfend aus dem Siebträger in die vorgewärmte Tasse laufen und am Schluss eine cremige Schicht aus Kaffeeschaum bilden.

Wenn der Espresso nicht stimmt, bleiben die Kunden weg. Dieses Risiko läuft Sant'Eustachio il Caffè schon lange nicht mehr. Seit die Molkerei 1938 zur Bar umfunktioniert wurde, haben hier alteingesessene Römer und begeisterte Kaffeeliebhaber aus aller Welt ihren Espresso geschlürft. In dem kleinen Lokal ist der Tresen mit der Mosaikverkleidung original erhalten geblieben und vermittelt ein wunderbares Flair; die wahre Attraktion allerdings befindet sich im Nebenraum: In einem noch voll funktionsfähigen Holzröster von 1948 wird der Sant'Eustachio Rohkaffee langsam und schonend verarbeitet.

Die Brüder Roberto und Raimondo Ricci verfolgen persönlich die Herstellung ihrer hochklassigen Mischung aus 100 Prozent Arabica Kaffee: »Man kann an der Farbe und Form der Kaffeebohnen sofort erkennen, ob sie maschinell oder von Hand verlesen wurden. Nur mit Bohnen von einheitlicher Größe und Reife erhält man eine gleichmäßige Röstung und den harmonischen Geschmack. Nur etwa zehn Prozent der gesamten Ernte erreicht diesen Standard.«

Während Roberto sich um die Bar und die Röstung in Rom kümmert, verbringt Raimondo viele Monate im Jahr direkt auf den Plantagen in Südamerika, Äthiopien und sogar auf den Galapagosinseln. Dabei legen die Brüder großen Wert auf faire Arbeitsbedingungen für die Kleinbauern und beziehen ihren Rohkaffee nur von Kooperativen mit dem Zertifikat für fairen Handel wie »Ctm Altromercato« oder die »Sidama Coffee Farmers Union«. So wird die unverzichtbare Kaffeepause zum unvergesslichen Kaffee-Erlebnis.

Adresse Piazza Sant'Eustachio 82, 00186 Rom (Rione Sant'Eustachio),
Tel. +39/06-68802048, www.santeustachioilcaffe.it, roberto@santeustachioilcaffe.it |
ÖPNV Bus 30, 70, 81, 87, 116, 116T, 186, 492, 628, Haltestelle Corso Rinascimento,
mehrere Buslinien, Haltestelle Argentina | **Öffnungszeiten** So – Do 8.30 – 1 Uhr, Fr
8.30 – 1.30 Uhr, Sa 8.30 – 2 Uhr | **Tipp** Auf der Piazza Sant'Eustachio wurde ursprüng-
lich der traditionelle römische Weihnachtsmarkt abgehalten. Der »mercato della Befana«
mit seinen Krippenfiguren, Süßigkeiten und traditionellen Leckereien wurde 1870 an die
Piazza Navona verlegt, wo er bis heute vom 1. Dezember bis zum 6. Januar stattfindet.

96 — Sirni Pelletteria

Leder mit Innenleben

Wer bei Sirni Pelletteria eine Tasche kauft, nimmt nicht nur einen schönen Lederartikel, sondern auch ein Stück Familiengeschichte mit nach Hause. Seit Generationen steht die Familie Sirni hier an der Werkbank, schneidet und vernäht das Leder hinten in der Werkstatt und stellt die fertigen Kreationen vorn ins Schaufenster.

Vor 50 Jahren heiratete Rosanna ihren Antonio und seinen Betrieb, lernte von ihm die Geheimnisse der Lederverarbeitung und verlieh dem Ganzen einen Schuss weiblicher Kreativität. Daraus entstanden ihre farbenfrohen Modelle im zeitlosen Design, die noch heute das Herz ihrer Kundinnen höherschlagen lassen.

Die Jahre vergingen, erst wurde Andrea geboren, dann Rita, und Rosanna nahm beide mit ins Geschäft. »Meine älteren Kunden können sich noch an das improvisierte Bettchen unterm Schneidetisch erinnern, wo Andrea seinen Mittagsschlaf hielt.«

Ihren Kindern wurde die Liebe zum Leder wörtlich in die Wiege gelegt, und so wollten beide von Rosanna das Handwerk lernen und den Betrieb auch weiterführen. Heute haben sie ihre Mutter am Schneidetisch abgelöst, doch sie lässt es sich nicht nehmen, vorn im Laden die Kundschaft zu empfangen. Das Markenzeichen ihrer Taschen ist deren Innenleben. »Wir verwenden für das Futter keinen Stoff, sondern Leder. Dadurch sind die Taschen stabiler und halten doppelt so lang.« Eine originelle Zugabe ist das versteckte Fach im Boden, in dem Papiere und Kreditkarten diebstahlsicher verstaut werden können. Dazu kann jede Kundin Material, Farben und Accessoires selbst aussuchen. »Die Tasche soll nicht die Mode, sondern den Stil der Frau, für die sie bestimmt ist, widerspiegeln.«

Andrea schneidet dann das Leder von Hand zu, und Rita macht an der alten Nähmaschine das gewünschte Modell daraus. Das Ergebnis ist eine schöne Ledertasche, in der man mit dem Schildchen »Sirni Pelletteria« auch ein Stückchen Familientradition mit sich trägt.

Adresse Via della Stelletta 33, 00186 Rom (Campo Marzio), Tel. +39/06-68805248, www.sirnipelletteria.it, sirni.pelletteria@tin.it | **ÖPNV** Bus 116, 116T, Haltestelle Prefetti | **Öffnungszeiten** Okt.– Juni Mo 14.30–19.30 Uhr, Di–So 10–13 & 14.30–19.30 Uhr; Feb. So geschlossen, Juli bis Aug. Sa geschlossen | **Tipp** Das Geschäft befindet sich im Erdgeschoss des Palazzo »Mazio Boncompagni« aus dem 16. Jahrhundert. An der Ecke zur Via della Scrofa thront die »Madonna della Pietá« aus dem 18. Jahrhundert, eines der unzähligen Marien- und Heiligenbilder, die überall in der Stadt die Mauern schmücken.

97_ Stars and Dogs
Rosige Zeiten für Schoßhündchen

Ein Leben in Rom ist nichts für schwache Hundenerven. Tapfer müssen sich die treuen Vierbeiner durch den Verkehr kämpfen und zur Mittagspause vor dem Restaurant warten – außer sie passen in die Tasche. So hielt ein Heer von Chihuahuas, Möpsen und Pekinesen in der Ewigen Stadt Einzug, um mit ihren Adoptiveltern Sofa und Leben zu teilen und gleichzeitig den Einzelkindern das Geschwisterchen zu ersetzen.

Sie flanieren stolz durch Roms Gässchen, thronen in ihren eleganten Tragetaschen und bereisen die Welt. Wiederum strapaziös. Daher beschloss Alice Arbore, in ihrem Stars and Dogs dem tierischen Stress Abhilfe zu schaffen: »Hier sollen sich Hund und Hundehalter rundum wohlfühlen.« Für ihre Luxusboutique mit zugehörigem Wellnesscenter suchte sie alles zusammen, was der Markt an ausgefallener Hundemode und originellen Accessoires zu bieten hat. Kuschelige Himmelbettchen, exzentrische Tragetaschen im Leopardenlook und sportliche Hunde-Buggies zieren den dezent duftenden Laden in Weiß und Pink. Für den Spaziergang in Villa Borghese gibt es das neonfarbene Halsband mit passender Hundeleine, auf dem rasanten Vespa-Roller dürfen Ohrenschutz und Motorradbrille nicht fehlen, und wenn die Familie in die »Settimana bianca« fährt, wird der kleine Liebling mit einem schicken Daunenmantel und gestrickten Hüttenschühchen samt ABS-Sohle winterfest gemacht.

Für mondäne Anlässe kann das modebewusste Frauchen zwischen dem nachtblauen Samtwestchen und dem cremefarbenen Rüschentraum wählen und seinen Vierbeiner nach einem entspannenden Bad mit »Stripping« und »Trimming« in Hochform bringen lassen. »Die Hunde entspannen sich sehr während der Pflege und lieben vor allem die sanfte Massage beim Einseifen.« Gestresste Hundenerven finden Linderung bei Shiatsu und Farbtherapie. Alice und ihr Stars and Dogs sorgen eben für alles: perfektes Styling, duftendes Fell und rosige Zeiten für Hundeseelen.

Adresse Via della Frezza 66, 00186 Rom (Rione Campo Marzio), Tel. +39/06-3213710, www.starsanddogs.it, info@starsanddogs.it | **ÖPNV** Bus 117, 119, Haltestelle Corso San Giacomo, Bus 81, 590, 628, 926, C3, Haltestelle Augusto Imperatore/Ara Pacis, Metro Linie A, Haltestelle Spagna | **Öffnungszeiten** Mo–Sa 10–19.30 Uhr | **Tipp** Der antike Friedensaltar »Ara Pacis Augustae« ist einen Besuch wert. Im Frühjahr 2006 eröffnete das »Museo dell'Ara Pacis« in einem Glasbau des Architektenbüros Richard Meier (www.arapacis.it).

98__Stilo Fetti

Geflügelte Federhalter

»Verba volant, scripta manent.« – »Gesprochenes verfliegt, Geschriebenes bleibt.« Schon die alten Römer hatten es erkannt, und Emanuele Fetti machte es sich zunutze, als er 1893 am Pantheon seinen Laden für Schreibgeräte eröffnete. Nach über 120 Jahren berichtet Enkelin Lucia von den Anfängen: »Zehn Jahre zuvor hatte Lewis Edison Waterman den ersten Füllfederhalter mit regelmäßigem Tintenfluss erfunden, und mein Großvater war überzeugt, dass der Füller das Schreibgerät der Zukunft sein würde.«

Damit lag er ganz richtig, denn das Geschäft lief prächtig. Sohn Francesco patentierte sogar einen Federhalter, den er bis in die 1940er Jahre in der eigenen Fabrik herstellte und der von den wichtigen Persönlichkeiten seiner Zeit geschätzt war. So wurde Mussolini 1928 auf einem Foto verewigt, während er mit einem Füller Marke F.I.P.I. die Gründung des ersten römischen Flughafens »aeroporto del Littorio« unterzeichnet. Der Faschismus ging unter, die Fabrik musste schließen, doch die Familie Fetti hielt durch.

1948 übernahm Lucia das Geschäft und erweiterte das Sortiment mit neuen Marken wie Pelikan, Montblanc und Cartier. Später fügte Sohn Marco noch elegante Schreibtischgarnituren und Aktentaschen aus Leder hinzu. Der solide Ruf der Familie und die Kompetenz ihrer Mitarbeiter Marcello und Massimo brachten der Firma Fetti viele Auszeichnungen ein. So stehen heute in den Glasvitrinen neben Füllern und Kugelschreibern auch die historischen Federhalter F.I.P.I., zahlreiche Verdienstorden und Fotografien berühmter Kunden wie Sandro Pertini und Tom Hanks.

»2012 überreichten wir Papst Benedikt XVI. den kostbaren Visconti-Füller Domus Aurea.« Lucias größter Stolz bleibt allerdings ein vergilbtes handgeschriebenes Sonett von 1900, in dem Emanuele Fetti mit geflügelten Versen seiner Frau Filomena zum Geburtstag gratuliert – Emanuele hatte es damals erkannt: Die Zeit verfliegt, Stilo Fetti bleibt.

Adresse Via degli Orfani 82, 00186 Rom (Rione Colonna), Tel. +39/06-6789662, www.stilofetti.it, info@stilofetti.it | **ÖPNV** Bus 30, 70, 81, 87, 130F, 186, 492, 628, Haltestelle Senato, Bus 116, Haltestelle Dè Burrò | **Öffnungszeiten** Mo 15.30–19.30 Uhr, Di–Sa 9–13 & 15.30–19.30 Uhr | **Tipp** Die Via degli Orfani wurde nach dem Waisenhaus der nahe liegenden Kirche »Maria in Aquiro« benannt, das die Waisen der Romplünderung von 1527 aufnahm. Heute ist die Kirche Sitz des wohltätigen Instituts IPAB (www.isma.roma).

99_ Talarico Cravatte
Exklusive Seidenschlinge

Wozu trägt der Herr Krawatte? Ob erfolgreicher Manager, alter Politikhase oder blutjunger Angestellter, jeder hat sich schon einmal die seidene Schlinge um die Kehle gelegt. Der Schlips ist reine Konvention und vielen ein bedrückender Graus, doch wer seiner Männlichkeit stilvoll den letzten Schliff geben will, kann auf den eleganten Knoten unterm Kragen nicht verzichten. Am besten macht man also aus der Not eine Tugend und lässt sich von Talarico und seinem enormen Krawattensortiment zum Kauf inspirieren.

Dezentes Mobiliar, geschliffene Spiegel und ein altenglisches Ledersofa bilden die perfekte Kulisse für Maurizio Talaricos handgefertigte Glanzstücke. »Ich habe von klein auf Krawatten getragen und besitze inzwischen eine beachtliche Kollektion. Als ich in meiner Manufaktur in Lamezia Terme mit der Produktion von Firmen- und Club-Krawatten begann, nahm ich mir fest vor, meine Sammlerstücke im neuen Outfit einer erlesenen Kundschaft anzubieten.« Maurizio holte die edelsten Stoffe aus England, Frankreich und Norditalien, ließ sie rigoros von Hand verarbeiten und eröffnete 2005 den eleganten Showroom in der Via dei Coronari, der bald zum Geheimtipp für Spitzenqualität wurde. »Als Garantie, dass meine Krawatten handgefertigt sind, lasse ich die Rückseite mit einem patentierten Kreuzstich vernähen.«

In der Boutique wählt der Kunde aus Stoffen wie Seide, Jacquard oder Kaschmirwolle und Modellen wie dem klassischen Schlips oder den Siebenfaltern aus metergroßen Seidentüchern. Manche Modelle sind kostspielig, wie etwa die limitierte Serie mit Goldfäden im Stoff, doch Maurizio braucht sich um Ladenhüter nicht zu sorgen: »Wir stellen nur 30 Stück davon her, und zu Weihnachten sind sie schnell ausverkauft.« Ob prominenter Politiker, weit gereister Geschäftsmann oder junger Trauzeuge, jeder hat seine Gründe für die seidene Schlinge, und Talarico legt sie allen stilvoll um die Kehle.

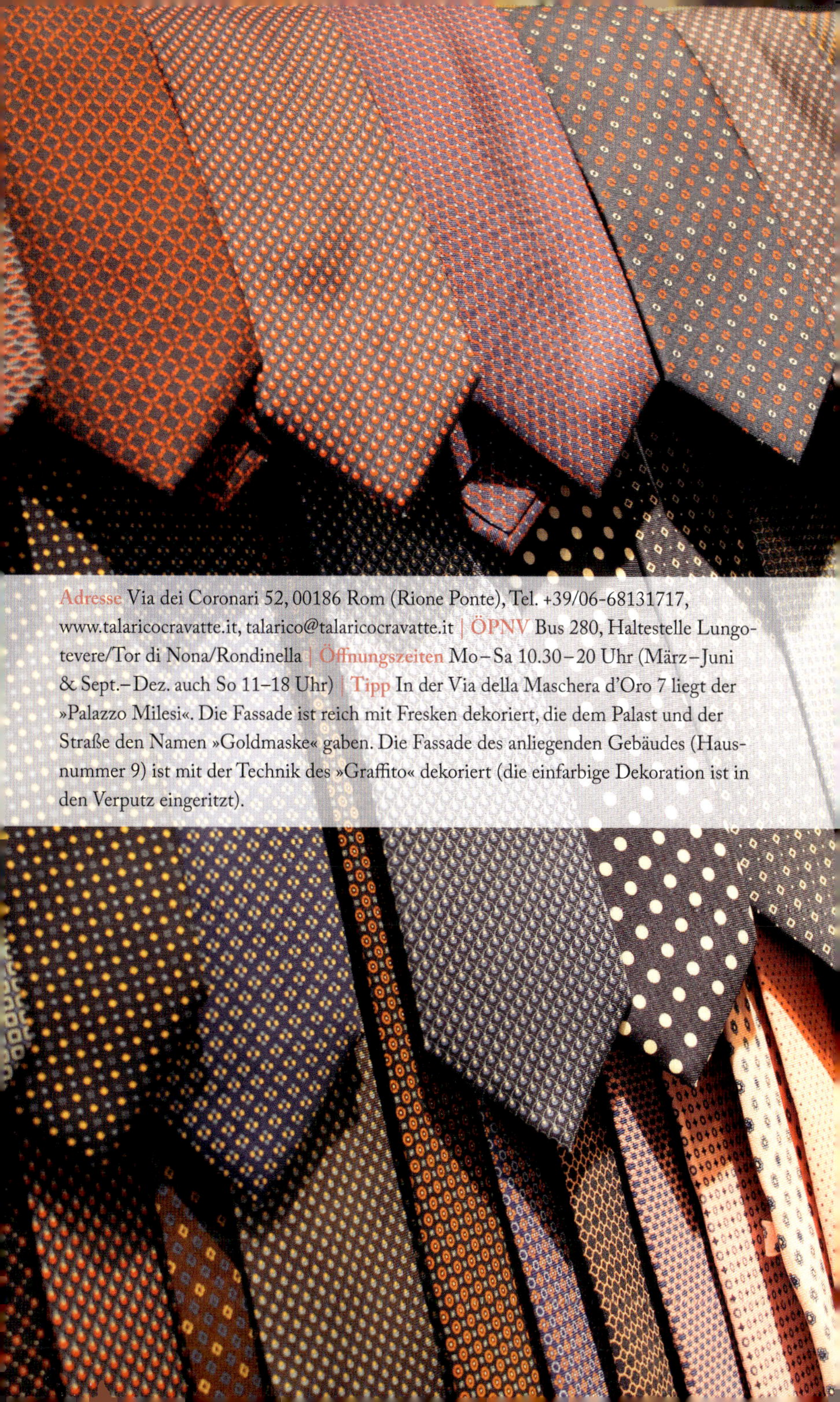

Adresse Via dei Coronari 52, 00186 Rom (Rione Ponte), Tel. +39/06-68131717, www.talaricocravatte.it, talarico@talaricocravatte.it | **ÖPNV** Bus 280, Haltestelle Lungotevere/Tor di Nona/Rondinella | **Öffnungszeiten** Mo–Sa 10.30–20 Uhr (März–Juni & Sept.–Dez. auch So 11–18 Uhr) | **Tipp** In der Via della Maschera d'Oro 7 liegt der »Palazzo Milesi«. Die Fassade ist reich mit Fresken dekoriert, die dem Palast und der Straße den Namen »Goldmaske« gaben. Die Fassade des anliegenden Gebäudes (Hausnummer 9) ist mit der Technik des »Graffito« dekoriert (die einfarbige Dekoration ist in den Verputz eingeritzt).

100_ Tastevere Km0
Keine Wahl

Sie verkauften Olivenöl, Gemüse und Käse auf dem Wochenmarkt und träumten von einem neuen Leben. Das kleine Ladenlokal in Trastevere schließlich war ihre Chance, diesen Traum zu verwirklichen.

Luca und Giuseppe krempelten die Ärmel hoch und machten alles selber, von den Malerarbeiten bis zur Einrichtung. Sie nahmen Giuseppes Kühltheke vom Markt, fällten eine Ulme im eigenen Wald und schreinerten daraus die Holzverkleidung, die Tische und alle Regale im Lokal. Dann begannen sie, diese Regale aufzufüllen, und ließen dabei ihrem Einfallsreichtum freien Lauf. Der Lohn der Mühen: Tastevere Km0, eine Mischung aus Gemüsestand, Lebensmittelladen und Bistro.

Der 28-jährige Giuseppe liefert frischen Käse von seinen Schafen, sein zwei Jahre älterer Freund Luca presst sein eigenes Olivenöl und baut Gemüse an. Um das Angebot im Laden anzureichern, gibt es daneben Safran aus den Abruzzen, Wein und selbst gebrautes Bier aus dem Latium sowie Eingemachtes aus dem Rest Italiens. Das farbenfrohe Gemüse in den Kisten am Eingang, die polierten Zapfhähne vor den bunten Einmachgläsern in den Regalen und der verführerische Duft von Käse und Aufschnitt lassen den Kunden keine Wahl. Man muss sich einfach setzen und bei entspannter Musik eine Auswahl dieser Leckereien kosten.

Auf diese Idee ist Luca ganz besonders stolz: »Wir wollen mehr als nur unsere Produkte an den Mann bringen. Die Leute sollen sich wohlfühlen und alles, was sie kaufen, vorher kennenlernen. Das kann man schon aus dem Namen herauslesen – eine Kombination von taste, unserem Stadtviertel Trastevere und Lieferung Km0.«

Er kann mit Recht stolz sein, denn obwohl er und sein Freund Giuseppe dieses ungewöhnliche Geschäft erst im Januar 2013 eröffnet haben, ist es bereits zu einem Geheimtipp für Feinschmecker avanciert. Eine durch und durch geschmackvolle Art, mit Käse, Olivenöl und Einfallsreichtum ein neues Leben zu beginnen.

Adresse Vicolo del Cinque 30a, 00153 Rom (Trastevere), Tel. +39/06-95584404, tastevere@gmail.com | ÖPNV Bus 23, 125, 280, Haltestelle Lgt Sanzio/Trilussa | **Öffnungszeiten** Mo–Sa 8.30–19.30 Uhr | Tipp Ideal als Ausgangspunkt für einen langen Verdauungsspaziergang durch das römische Nachtleben: über Piazza Trilussa, Ponte Sisto, Via Giulia nach Piazza Campo de' Fiori.

101_ Tra Palco e Realtà
Welt der Zauberlehrlinge

Der kleine Laden wird erst sichtbar, wenn man ihn im rauschenden Verkehrsstrom des Lungotevere bereits verpasst hat. Nur eingeweihte Zauberlehrlinge fahren rechtzeitig an den Straßenrand, um vor dem Ladenschild »Magia« haltzumachen und in die Welt der Zauberkünste einzutauchen.

In den Auslagen der Schaufenster drängelt sich das bunte Durcheinander von Zylinderhüten und Zauberkästen, regenbogenfarbigen Tüchern und mystischen Tarotkarten, davor drücken die angehenden Illusionisten ihre Nasen an den Scheiben platt und überlegen aufgeregt, welchen Trick sie als ersten lernen wollen. Der winzige Raum ist viel zu klein, um sie alle aufzunehmen, und so warten sie geduldig vor der Tür. Doch sobald der Quadratmeter vor dem Ladentisch frei wird und sie ihre Wünsche vortragen können, wird aus dem Raum eine Zauberbühne.

Vor seinem staunenden Publikum improvisiert Zaubermeister Andrea gestenreich seine Kartentricks und geheimnisvollen Verwandlungen und führt seinen jungen Kunden vor, wie sie das Erlernte effektvoll an den Mann bringen können. »Ich bin Illusionist und liebe den Kontakt zum Publikum. Als ich vor acht Jahren zusammen mit meiner Familie den Laden eröffnete, war uns klar, dass wir mit unseren Artikeln auch die gute Laune und die Liebe zur Magie verkaufen wollten.«

Also empfangen Andrea, Stefania und ihre Mutter Iole ihre kleinen und großen Zauberlehrlinge mit heiterer Freundlichkeit und haben den verdienten Erfolg dabei. Neben Zauberkästen und Magiebüchern bieten sie rote Pappnasen, leuchtende Gummifinger und lustige Clownschminke an, denn zu ihren Stammkunden gehören auch die Clown-Doktoren der nahe liegenden Kinderklinik »Bambino Gesù«, die ihren jungen Patienten die gute Laune ins Krankenzimmer bringen. Wer also aus dem kleinen Laden auf die Straße tritt, bemerkt, dass er ein bezauberndes Stückchen aus der Welt der Magie mit in den Verkehrsstrom des Lungotevere nimmt.

Adresse Piazza della Rovere 90, 00165 Roma (Trastevere), Tel. +39/06-64760194, www.trapalcoerealta.net, info@trapalcoerealta.net | **ÖPNV** Bus 23, 115, 116, 116T, 271, 280, 870, Haltestelle Piazza della Rovere | **Öffnungszeiten** Mo–Sa 9.30–13 & 15–19 Uhr | **Tipp** Das »Teatro Olimpico« organisiert seit elf Jahren im Februar ein Festival der Zauberkünste, mit Shows und Ausstellungen (Piazza Gentile da Fabriano 17, 00196 Rom, Tel. +39/06-3265991, www.teatroolimpico.it, info@teatroolimpico.it).

102 — Universo Vegano
Fleischlose Gelüste

»Wenn ein Wesen leidet, kann es keine moralische Rechtfertigung dafür geben, dieses Leiden nicht zu berücksichtigen. Das Prinzip der Gleichheit verlangt, dass sein Leiden genauso zählt wie ein entsprechendes Leiden irgendeines anderen Wesens.« So schrieb 1975 der australische Philosoph Peter Singer in seinem Buch »Animal Liberation. Die Befreiung der Tiere« und begründete damit die moderne Tierethik.

Immer mehr Menschen werden sich darüber klar, dass unser gesamter Lebensstil auf der leidbringenden Ausnutzung und Massenhaltung anderer Lebewesen beruht, und wenden sich dem Veganismus zu. Doch der Verzicht auf Fleisch, Fisch, Milchprodukte und Eier bringt es mit sich, dass man entweder sein Essen von zu Hause mitnimmt oder mühsam aus den Speisekarten der Restaurants die Portion Salat oder den Teller Spinat herauspicken muss.

Lucio Palumbo, überzeugter Veganer und kluger Geschäftsmann, erkannte die Marktlücke und gründete 2012 die erste vegane Fast-Food-Kette Italiens. Schon bald landeten über 600 Anfragen für die Eröffnung neuer Filialen auf seinem Schreibtisch, und die Begeisterungswelle schwappte vom Norden nach Rom über. In Trastevere richtete Pietro Pasquarelli in einem kleinen Lokal die offene Küche mit der schlichten Holztheke und dem grünen Markenzeichen ein.

Über der Theke hängen nun, ganz wie beim klassischen Fast Food, die neonbeleuchteten Fotos mit Burgern, Kebab und Würstchen, denen man nicht ansieht, dass sie kein Fleisch enthalten. Dazu gibt es leckere Salate, warme Suppen und süße Crêpes mit Bioschokolade. Noch nicht einmal tief in den Geldbeutel muss man greifen: »Wir wollen den Veganismus von seinem elitären Hauch befreien. Jeder soll es sich leisten können, bei uns zu essen und sich dabei mit unserer Lebensphilosophie vertraut zu machen.« Im Universo Vegano lässt sich die Lust auf einen Burger mit der Rücksicht auf das Wohlergehen aller Lebewesen vereinbaren.

Adresse Piazza di Santa Rufina 6, 00153 Rom (Trastevere), Tel. +39/3290606803, www.universovegano.it, roma01@universovegano.it | **ÖPNV** Tram 8, Haltestelle Belli | **Öffnungszeiten** Di–So 12–15.30 & 18–23 Uhr, Mo 18–21 Uhr | **Tipp** Beim Campo de'Fiori gibt es einen weiteren Universo Vegano (Piazza del Paradiso 18, Tel. +39/3481004757, Mo–Di 12–15.30 Uhr, Mi–So 12–15.30 & 19–23 Uhr (samstags bis 24 Uhr).

103__ Vertecchi
Bleistifte und Zukunftspläne

Wer etwas Besonderes für die Schule oder das Büro sucht, kennt die Adresse. In der Via della Croce findet er, was er sucht und noch viel mehr. Als Sergio Vertecchi 1948 seinen Schreibwarenladen im Herzen Roms eröffnete, hatte er große Pläne. Während er Briefumschläge, Bleistifte und Radiergummis verkaufte, fand er heraus, dass seine importierte Ware bei den Kunden auf Begeisterung stieß. Also deckte er sich mit Schulmaterial aus Deutschland und Frankreich ein und versorgte damit die internationalen Schulen. Generationen englischer, deutscher und französischer Grundschüler üben seither in Vertecchis Heften das Abc, und Generationen von Müttern stehen im September mit ihren Listen im Laden Schlange.

»Nach so vielen Jahren kennen wir die Listen auswendig«, berichtet die Filialleiterin Teresa Formica. »Uns reicht der Schulname und Jahrgang, um die passende Ausstattung zusammenzustellen.« Dieselben Mütter kommen mit ihren Kindern im Dezember vorbei, wenn sich das Geschäft mit den mundgeblasenen Weihnachtskugeln aus Deutschland und den bezaubernden Miniaturdörfern von Lemax in einen fröhlichen Weihnachtsbasar verwandelt.

Doch Vertecchi ist mehr als Schulbedarf und Weihnachtsschmuck. Der Hobbybastler findet hier seine Modelliermasse in allen Farben, der Architekt alles Nötige für sein Modell und der Manager die elegante Aktentasche samt Edelfüller. In den endlosen Regalfluchten verirrt man sich zwischen Künstlerzubehör, Zeichenmaterial und Bürobedarf, in der Papierabteilung kann man aus Schachteln in allen Größen und bunt bedruckten Papierbögen das perfekte Geschenk zaubern und beim Partybedarf vom Becher bis zur Girlande für die richtige Stimmung sorgen. Das Geschäft ist groß und das Angebot verführerisch; oft geht man für einen Bleistift hinein und kommt hochbepackt wieder heraus, denn wer etwas Besonderes sucht und noch viel mehr, ist bei Vertecchi an der richtigen Adresse.

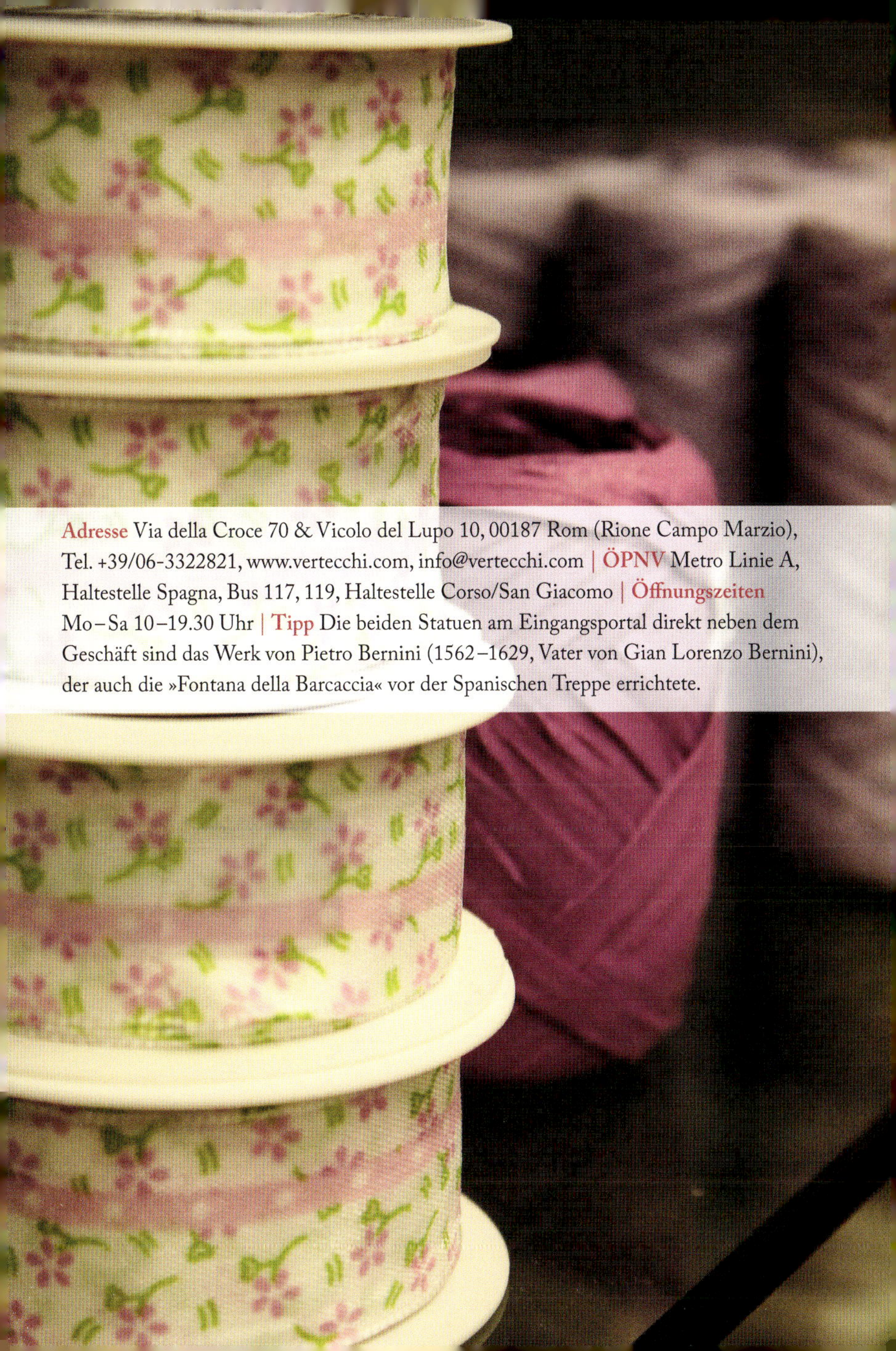

Adresse Via della Croce 70 & Vicolo del Lupo 10, 00187 Rom (Rione Campo Marzio), Tel. +39/06-3322821, www.vertecchi.com, info@vertecchi.com | **ÖPNV** Metro Linie A, Haltestelle Spagna, Bus 117, 119, Haltestelle Corso/San Giacomo | **Öffnungszeiten** Mo–Sa 10–19.30 Uhr | **Tipp** Die beiden Statuen am Eingangsportal direkt neben dem Geschäft sind das Werk von Pietro Bernini (1562–1629, Vater von Gian Lorenzo Bernini), der auch die »Fontana della Barcaccia« vor der Spanischen Treppe errichtete.

104__ Vetrate Artistiche Pigreco

200 Quadratmeter Orient

Als die Verwalter Roms beschlossen, das Maurische Gewächshaus und den dazugehörigen Turm der »Villa Torlonia« zu restaurieren, betrauten sie die Kunstglaserin Donata Longo mit der anspruchsvollen Aufgabe, aus den Scherben von 200 Quadratmetern Glas den orientalischen Charme der Alhambra und der Moscheen von Cordoba wiederauferstehen zu lassen.

Die Künstlerin verbrachte zwei Jahre zwischen der Villa und ihrer Werkstatt in der Via del Pigneto, zeichnete die orientalischen Rosetten, Sterne und Blumenmotive von 1840 nach und setzte sorgfältig das farbenprächtige Puzzle aus Glas und Blei zusammen. Dank der akkuraten Technik und langjährigen Erfahrung ihrer Gestalterin strahlen heute das Glashaus und der Turm in alter Pracht.

Donata begann ihre Karriere 1975 und hat seitdem mit Designern, Architekten und Künstlern in Italien und Griechenland zusammengearbeitet: »Die Jahre in Athen waren besonders kreativ. Ich lernte, mit griechischen, byzantinischen und arabischen Motiven zu arbeiten. Diese Erfahrungen sind mir bei der Herstellung von Kunstglasfenstern sehr nützlich.« Donatas Talent beschränkt sich jedoch nicht auf Fenster und Kirchendekorationen. In ihrer Werkstatt kann man neben bunten Glasmosaiken auch eine reiche Auswahl an Lampenschirmen, Vasen und Glasschalen bewundern.

»Im Laufe der Jahre habe ich ein spezielles Verfahren der Thermofusion entwickelt. Ich bemale eine Glasscheibe und lege sie mit der dekorierten Seite auf eine zweite Scheibe. Im Brennofen verschmelzen die Glasschichten und versiegeln die Dekoration im Innern. Ich experimentiere gerne mit Materialien und Formen und lasse mich bei den Motiven von Künstlern wie Picasso und Mondrian inspirieren.« Donatas unverkennbarer Stil zeichnet jedes ihrer Werke aus, sei es das elegante Kunstglas einer Ladentür, die filigrane Dekoration einer Glasschale oder die arabesken Glasrosetten im Maurischen Gewächshaus der »Villa Torlonia«.

Adresse Via del Pigneto 64, 00176 Rom (Pigneto), Tel. +39/06-7029337, www.pigrecoglass.com, info@pigrecoglass.com | **ÖPNV** Bus 81, 105, 105L, 412, 412F, 810, Haltestelle Casilina Sant'Elena, Zug FC1, Bahnhof Sant'Elena | **Öffnungszeiten** Mo–Fr 10–18 Uhr, Sa 10–13 Uhr | **Tipp** Die 1840 erbaute »Villa Torlonia« mit ihrem schönen Park gehörte der adeligen Familie Torlonia. Das Maurische Gewächshaus ist leider nicht zugängig, doch die nahe gelegene Jugendstilvilla »Casina delle Civette« mit einer Sammlung von Glasfenstern und Jugendstil-Dekorationen ist in ein Museum verwandelt worden (www.museivillatorlonia.it).

105 __ Vivi Bistrot

Frühstück im Freien

Nach Sonnenaufgang erwachen die »Villa Pamphili« und das Vivi Bistrot, um die ersten Parkbesucher zu empfangen. Die verschwitzten Jogger trinken ihren frisch gepressten Orangensaft neben Grüppchen von Hundehaltern, die den ausgiebigen Morgenspaziergang mit einem gemeinsamen Espresso krönen. Nach der Gymnastik im Seniorentreff trinken die älteren Damen Eistee im Garten, während die Spätaufsteher verschlafen ihre Teller am reichen Brunch-Büfett füllen.

Das Vivi Bistrot liegt weitab vom Alltagsstress der Großstadt. Wer hier einen Kaffee trinken will, muss sein Auto vorm Parktor lassen und den Schotterweg zum Lokal hinaufspazieren. Zur Belohnung genießt man dann statt rauschendem Verkehrslärm das fröhliche Gezwitscher der Vögel, die sich beim Streit um die Brotkrümel durch nichts stören lassen.

Als Daniela Gazzini und Cristina Cattaneo 2008 die alte Scheune aus dem 19. Jahrhundert renovierten, waren viele Parkbesucher um die Ruhe im Park besorgt. Kollegin Francesca lächelt heute darüber: »Unsere Gäste lieben die entspannte Atmosphäre und den ländlichen Stil unseres Lokals, das sich harmonisch in den Park einfügt.« Neben dem normalen Café- und Restaurantbetrieb haben sich Daniela und Cristina einen originellen Service ausgedacht: In der praktischen Picknick-Box kann man sich die Leckereien aus dem Bistrot in den Park mitnehmen. Für die Variante »Picknick Deluxe« gibt es dazu den romantischen Weidenkorb samt Weinflasche, Porzellanservice und Wolldecke.

Der Tag neigt sich dem Ende zu, und nach Sonnenuntergang werden im Sommer die Fackeln angezündet. Nun kann man im Bistrogarten zu Abend essen oder sich auf den großen Teppichen und Kissen bei orientalischem Flair und Kerzenlicht niederlassen. Gegen Mitternacht schließen sich die Tore hinter der »Villa Pamphili« und dem Vivi Bistrot, die sanft dem neuen Tag entgegenschlummern, in freudiger Erwartung des Sonnenaufgangs und der ersten Parkbesucher.

Adresse Parkeingang: Via Vitellia 102, 00152 Rom (Villa Pamphili), Tel. +39/06-5827540, www.vivibistrot.com, info@vivibistrot.it | **ÖPNV** Bus 31, 33, 791, 984, C6, Haltestelle Bel Respiro, Tram 8, Haltestelle Colli Portuensi | **Öffnungszeiten** Café: März–Okt. täglich 8–20 Uhr, Nov.–Feb. 8–16 Uhr, Restaurant: täglich 12–15 Uhr, Mai–Sept. Di–Sa 20–24 Uhr | **Tipp** Die »Villa Doria Pamphili« aus dem 17. Jahrhundert ist 1957 in den Besitz des italienischen Staates übergegangen. Der dazugehörige Park – die größte Parkanlage der Stadt – ist seit 1971 für die Öffentlichkeit frei zugänglich. Im Sommer werden Konzerte und Theateraufführungen im Rahmen der »Estate Roma« abgehalten (www.villapamphili.it).

106 — Volpetti Salumeria

Das Messerspitzengefühl

Wer meint, alles über Schinken und Käse zu wissen, hat noch nicht bei Volpetti vorbeigeschaut. Salami und Räucherschinken hängen dicht an dicht über der Theke und verströmen ihren würzigen Duft in dem viel zu kleinen Laden. Farbenfrohe Legionen von Einmachgläsern mit eingelegten Pilzen, Oliven und Artischocken stapeln sich in den Regalen neben Wein und Likör, Marmelade und unzähligen regionalen Spezialitäten. Hauptattraktion jedoch ist die enorme Käseauswahl – unmöglich, sich zu orientieren, wäre da nicht die freundliche Hilfe der Brüder Emilio und Claudio Volpetti.

Sohn Alessandro erinnert sich: »Als mein Vater zusammen mit meinem Onkel 1973 das Geschäft übernahm, verkauften sie hauptsächlich Brot und Aufschnitt an die Hausfrauen des Arbeiterviertels. Natürlich wurden dabei die typischen Produkte aus dem Umland bevorzugt. Auch heute, nach 40 Jahren und mit einem reichen Angebot von Spezialitäten aus ganz Italien, sind wir der römischen Tradition treu geblieben.«

Im Laufe der Jahrzehnte nahm der Tourismus zu und brachte immer mehr Neugierige aus der ganzen Welt in die Stadt und zu Volpetti. Hier werden sie mit einem lebhaften »Buongiorno« empfangen und mit ausgesuchter Freundlichkeit bedient. Dabei erfährt man dann, wie ein einfacher Hartkäse nach neun Jahren Lagerung zum einmaligen Genuss wird, und bekommt sogar Kostproben mit dem Messer gereicht. »Dieser Käse hat einen ganz besonderen Nachgeschmack. Wir lassen ihn vom Frühsommer bis zum Herbst in einem kleinen Dorf bei San Marino in speziellen, mit Stroh ausgelegten Grotten lagern. Probieren Sie auch diesen Käse mit getrockneten Feigen. Hier haben wir den wertvollen ›Bitto della Valtellina‹, auch weißes Gold aus dem Veltintal genannt.«

Nach so einer Nachhilfestunde in Gastronomie und Herzlichkeit kann kaum einer der Versuchung widerstehen, ein Päckchen mit den Leckereien der Salumeria Volpetti mit nach Hause zu nehmen.

Adresse Via Marmorata 47, 00153 Rom (Testaccio), Tel. +39/06-5742352, www.volpetti.com, info@volpetti.com | **ÖPNV** Metro Linie B, Haltestelle Piramide, Tram 3, Haltestelle Marmorata/Galvani, Bus 121, 673, 719, Haltestelle Galvani/Della Robbia | **Öffnungs-zeiten** Mo–Sa 8–14 & 17–20 Uhr | **Tipp** Gleich um die Ecke gibt es bei Volpetti Più phantastische Pizza vom Blech und hervorragende warme Gerichte, die man dort essen oder mitnehmen kann (Via Alessandro Volta 8, Mo–Sa 10.30–15.30 & 17.30–21.30 Uhr, im August nur mittags).

107 Zefiro

Süßes Füllhorn

Wer eine römische Hochzeit organisiert, braucht starke Nerven. Die Kirche auf dem Aventin muss reserviert, das üppige Menü geplant und der Hochzeitsfilm in Auftrag gegeben werden. Neben der obligatorischen Hochzeitstorte dürfen auch nie die »bomboniere« fehlen, kunstvoll verzierte Schachteln mit Gegenständen aus Porzellan, Kristallglas oder Silber, die das Brautpaar zum Dank seinen Gästen überreicht. In den häuslichen Vitrinen müssen diese Andenken schließlich die Konkurrenz der anderen Bombonieren von Taufen und Kommunionen ausstechen.

Bei der schwierigen Wahl des perfekten Hochzeits-Nippes wenden sich die gestressten Brautpaare daher seit zwölf Jahren an Sara Filippi und ihr Füllhorn der süßen Aufmerksamkeiten. »Meine Kunden haben die Wahl zwischen dekorierten Döschen, Schalen, bunten Matrioschkas und parfümierten Gipsfiguren in allen Formen und Größen. Um die Verpackung und Verzierung der Schachteln kümmert sich meine Kollegin Gianna.« Sara rät den Brautpaaren zu dezentem Weiß oder goldgerahmtem Ecru, doch bei Taufen und Kommunionsfeiern lässt sie ihrer Phantasie freien Lauf und ermuntert ihre Kunden, tief in den Farbtopf zu greifen. Lustige Tiere, zarte Blumen und bunt bemalte Püppchen aus Ton sind hier der Renner, die vor allem die Kinder für die Feier begeistern. Auch die kleinen Marmeladen- und Olivenölgläschen bilden ein reizvolles Pendant zu den glasierten »confetti«, die zum Abschied in hübschen Säckchen aus Spitze oder Tüll an die Gäste verteilt werden.

»Die Zuckerschicht ist in verschiedenen Farben zu haben. Neben den traditionellen Mandeln aus Sulmona haben wir auch Pistazien, Haselnüsse und leckere Füllungen wie *limoncello* oder *sambuca*.« Wenn nach der gelungenen Hochzeitsfeier das Brautpaar die eleganten »bomboniere« samt »confetti« verteilt, geht sein Dank nicht nur an die geschätzten Hochzeitsgäste, sondern auch an Sara und ihr Füllhorn der süßen Aufmerksamkeiten.

Adresse Via Marcantonio Colonna 18, 00192 Rom (Rione Prati), Tel. +39/06-3214349, www.zefirobomboniere.it, tommypacelli@gmail.com | **ÖPNV** Metro Linie A, Haltestelle Lepanto, Bus 70, 87, 186, 224, 280, 913, 926, Haltestelle Marcantonio Colonna | **Öffnungszeiten** Mo 15.30–19.30 Uhr, Di–Sa 10–13.30 & 15.30–19.30 Uhr | **Tipp** Wer mehr über die Bräuche und Trends der italienischen Hochzeit wissen möchte, sollte der großen Hochzeitsmesse »Roma Sposa« Anfang Januar auf dem Messegelände einen Besuch abstatten (www.romasposa.info).

108__Zeno Arte
Glanz im Rahmen

Wer einmal einem geerbten Ölgemälde einen würdigen Rahmen verleihen wollte, kann bestätigen, dass dies gar nicht einfach ist. Sehr schnell kann nämlich die erwünschte Schlichtheit zur langweiligen Banalität verkümmern und der barocke Stuck zum überladenen Kitsch entarten. Um das gute Stück passend einzufassen, sollte man sich daher Rat bei denen einholen, die sich seit Jahrzehnten genau darum kümmern. Zeno Arte wurde 1969 von den Brüdern Dario und Romano Gabrieli gegründet und fertigt seitdem Rahmen in allen Formen und Farben an.

Ohne den Ideenreichtum ihrer Söhne Antonio und Danilo hätte die Werkstatt allerdings kaum der Konkurrenz durch die Serienproduktion standgehalten. In den 1990er Jahren richteten sie eine kleine Kunstgalerie ein; ihr unverkennbares Markenzeichen allerdings ist die originelle Dekoration von Fotos und Drucken. »Wir heben mit einer speziellen Mörtelpaste und bunten Harzen das Licht- und Schattenspiel einer Fotografie oder die Pinselstriche eines Kunstdruckes hervor und erzielen dadurch einen räumlichen Effekt. Diese dreidimensionalen Fotografien sind bei unseren Kunden sehr beliebt.«

Danilo streicht stolz über die dekorierte Skyline von New York und die delikaten Konturen einer Orchidee, während Antonio einer Kundin zum gewagten Doppelrahmen für das Riesenfoto im Schlafzimmer rät. Vom schlichten Holz bis zum verschnörkelten Goldstuck gibt es hier ein reiches Angebot an Materialien und Stilen, mit denen Zeno Arte für jeden Geschmack gewappnet ist. »Die geschnitzten Leisten beziehen wir aus der Toskana. Neben den traditionellen Pflanzenmotiven haben wir auch abstrakte und postmoderne Rahmen im Sortiment. Manche sind sogar vergoldet, aber alles andere als altmodisch.« Mit etwas Mut und der fachmännischen Beratung von Antonio und Danilo verleiht man so dem geerbten Ölgemälde nicht nur einen würdigen Rahmen, man verhilft ihm auch zu unverhofftem neuen Glanz.

Adresse Via Zenodossio 68, 00176 Rom (Pigneto), Tel. +39/06-2427564, www.zenoarte.com, zenoarte@zenoarte.it | **ÖPNV** Bus 105, Haltestelle Casilina Alessi, Bus 553, Haltestelle Casilina Zenodossio, Zug FC1, Haltestelle Villini | **Öffnungszeiten** Mo–Fr 8.30–13.30 & 15–19.30 Uhr, Sa 8.30–13.30 Uhr | **Tipp** Zeno Arte stellt auf verschiedenen Handwerksmessen aus. Nennenswert sind »Moa Casa« (www.moacasa.com) und »Arti & Mestieri Expo« (www.artiemestieriexpo.it), beide auf dem neuen Messe-gelände in der Nähe vom Flughafen Fiumicino.

109 — Zia Rosetta

Brötchens Erfüllung

Das Erfolgsgeheimnis der »rosetta« liegt in ihrer goldenen Kruste und dem bauchigen Innenleben. Vor drei Jahrhunderten hielt die Kaisersemmel aus Österreich Einzug in die Poebene, doch kaum war die knusprige Brotspezialität aus dem Ofen, wurde sie im feuchten Mailand zum wabbeligen Gummischwamm. Nach langem Grübeln fanden die Bäckermeister die Lösung, versiegelten die Kruste mit heißem Wasserdampf und höhlten durch den Druck das Innere aus. Nun blieb das rosenförmige Brötchen kross und trat seinen glorreichen Triumphzug durch ganz Italien an, wo man es zum Dank mit dem zärtlichen Kosenamen »rosetta« bedachte. Generationen von Müttern packten ihren Kindern den knusprigen Hungerstiller in den Ranzen, zahllose Familien verzehrten ihre knackig triefende »rosetta con frittata« unterm Sonnenschirm.

»Dieses besondere Brötchen ist zum festen Bestandteil der italienischen Tradition geworden, ein idealer Behälter für die Zutaten unserer Kindheitserinnerungen.« Dank Alessandro Verderosi und seinem kleinen Lokal »Zia Rosetta« (Tante Rosetta) erleben diese knusprigen Erinnerungen nun ein unverhofftes Revival. »Jeder kennt die traditionelle ›rosetta‹, doch die wenigsten erahnen ihre Vielseitigkeit. Also wollte ich das Experiment wagen, Tradition und Haute Cuisine zu kombinieren.«

Zweimal am Tag lässt Alessandro sich die Brötchen frisch liefern und füllt sie dann mit allem auf, was die Saison zu bieten hat. Das Sortiment reicht vom traditionellen Schinken mit Auberginen und Parmesankäse über das exotische Curryhuhn mit Rosinen bis zum Gemüsemix für Veganer. Den kleinen Appetit stillt die gefüllte »Mini Rosetta«, die Alessandro auch als Partysnack zu verlockenden Pyramiden auftürmt. »Diese Minibrötchen sind das ideale Fingerfood.« Ob traditioneller Pausenfüller oder aufregender Partyrenner: Zia Rosetta verbirgt ihr Erfolgsgeheimnis in dem verlockenden Innenleben ihrer knusprigen Rosen-Brötchen.

Adresse Via Urbana 54, 00184 Rom (Rione Monti), Tel. +39/06-31052516, www.ziarosetta.com, info@ziarosetta.com | **ÖPNV** Metro Linie B, Haltestelle Cavour | **Öffnungszeiten** Mo–Fr 11–15.30 & 18–21 Uhr, Sa–So 11–21 Uhr | **Tipp** In der Via Urbana 160 liegt eine der ältesten christlichen Kirchen Roms: Die »Basilica di Santa Pudenziana« aus dem 4. Jahrhundert. Bemerkenswert ist das Apsismosaik von 450 n. Chr. (www.stpudenziana.org, Mo–So 8.30–12 & 15–18 Uhr).

110__Zion Beach
Das gefundene Paradies

Wer hier fündig werden will, sollte zunächst fliehen und morgens noch vor der Sintflut der Ausflügler die Stadt verlassen. Nach einer ausgedehnten Fahrt durch die Pinienhaine und die schöne Küstenlandschaft von Castel Fusano erreicht man das selbst gezimmerte Holzschild der Strandbar Zion Beach: eine bunte Sonne, die zusammen mit Bob Marleys lautstarkem Reggae daran erinnert, dass zum italienischen Paradies Farben, Freude und der richtige Beat gehören. Über einen sandigen Pfad gelangt man an die hübsche Bar mit Südseeflair und an den Strand, wo zeitunglesende Rentner neben planschenden Kindern und ausgelassenen Jugendlichen die Sonne genießen und die ambulanten Händler schwitzend ihre Karren mit Kleidern, gerösteten Maiskolben und Wassereis über den Sand ziehen. Aufregend wird es nachmittags, wenn Südamerikaner im Rhythmus von Salsa und Merengue tänzelnd den Sonnenuntergang feiern und den Strand in ein karibisches Urlaubsparadies verwandeln.

Genau das stellten sich Arianna D'Avola und ihr Mann Antonio vor, als sie vor zehn Jahren das Lokal übernahmen und so den Sprung von der festen Anstellung zum Familienunternehmen wagten. Den Namen suchten sie zusammen mit ihren Kindern aus: »Wir saßen auf dem Sofa und stellten uns das Leben am Meer vor«, erzählt Tochter Valentina, »Mein Vater, eingefleischter Bob-Marley-Fan, hatte die Idee: Zion Beach – Strandparadies, und wir waren alle begeistert.« Jeder in der Familie hat seine Aufgabe. Antonio, liebevoll »Mastro Zion« genannt, baute die rustikale Holzbar mit dem zum Tresen umfunktionierten Surfbrett selbst aus, Arianna kümmert sich um die Verwaltung, Valentina um die Kunden und die Schwiegermutter um die Küche. Für die richtige Stimmung sorgt Sohn Domenico als DJ.

An der Kasse gibt es bedruckte T-Shirts und Gläser mit der Aufschrift »Zion Bar« zu kaufen. So kann jeder ein Stück gefundenes Paradies mit nach Hause nehmen.

Adresse Via Litoranea Ostia-Anzio km 10.72, 00040 Pomezia bei Rom, Tel. +39/06-83393328, www.zionbeach.com, info@zionbeach.com | **ÖPNV** Bus 2, 5 (Buslinien Pomezia), E061, U060 (Buslinien Atac), Haltestelle Villaggio Tognazzi | **Öffnungszeiten** April–Okt. 8 Uhr bis Sonnenuntergang | **Tipp** Auf dem Rückweg in die Stadt sollte man an einem der vielen Wassermelonenstände haltmachen, um eine gekühlte Melonenscheibe zu genießen.

111 Zou Zou

Unvergleichlich weiblich

Vor sieben Jahren machte Tiziana eine aufregende Entdeckung. Mit einer Freundin streifte sie durch Berlin und fand dort Erotikläden für Frauen – eine unerhörte Neuheit für Italien und eine große Versuchung. Der Beschluss war gefasst: Sie wollte Roms erste Erotikboutique für ein weibliches Publikum eröffnen.

Begeistert fuhr sie quer durch Europa, besorgte elegante Seidenwäsche in Paris, erstand gewagte und schrille Sex-Toys in London und ließ koketten Schmuck aus New York einfliegen.

Den kleinen Laden in der Seitengasse des Corso Vittorio Emanuele verwandelte sie in ihr Reich der erotischen Träume. Hier empfängt sie ihre Gäste in verführerischem Ambiente. Die dezente Eleganz der Jugendstilvitrinen, das diskrete Licht der Kristallleuchter und der weiche Samtbezug des geschwungenen Plüschsofas laden zum Verweilen ein. »Ich möchte, dass sich die Frauen wohlfühlen, wenn sie mit ihren Freundinnen oder ihrem Partner zu Besuch kommen und die Geheimnisse ihrer Weiblichkeit entdecken.«

Bei dieser Entdeckungsreise ist Tiziana gerne behilflich. Mit sanfter Stimme beschreibt sie die erotischen Juwelen von Betony Vernon, steht ihren Kundinnen bei der Auswahl und Anprobe der französischen Lingerie zur Seite und berät ihre Männer bei der Suche nach dem passenden erotischen Geschenk. »Die meisten Kundinnen sind zwischen 30 und 50. In diesem Alter kennen sie ihren Körper gut und haben Lust zum Experimentieren. Manchmal werden sie von ihren Männern begleitet, und diese Männer kommen dann wieder, wenn sie etwas Besonderes für ihre Partnerinnen suchen.«

Tiziana weiß, dass die Frauen in Italien noch viel für ihr erotisches Selbstbewusstsein tun können. Sie organisiert Veranstaltungen, die der weiblichen Sexualität ihre noch immer verbliebenen Tabus nehmen sollen. Kabarett, Neugier und unbeschreiblich weibliches Ambiente – welche Frau könnte dieser Versuchung widerstehen?

Adresse Vicolo della Cancelleria 9a, 00186 Rom (Rione Parione), Tel. +39/06-6892176, www.zouzoustore.com, onlinestore@zouzou.it | **ÖPNV** Bus 46, 62, 64, 571, 916, 916F, Haltestelle Corso Vittorio Emanuele/Navona | **Öffnungszeiten** Mo 14–19.30 Uhr, Di–Sa 11–19 Uhr | **Tipp** Der »Palazzo della Cancelleria« auf der anderen Seite des Corso Vittorio Emanuele war der erste römische Renaissancebau. Sehenswert sind der Innenhof mit seiner zweistöckigen Loggia, den Säulen aus dem antiken Pompeius-Theater und die Fresken (reservieren: Tel. +39/06-69893405).

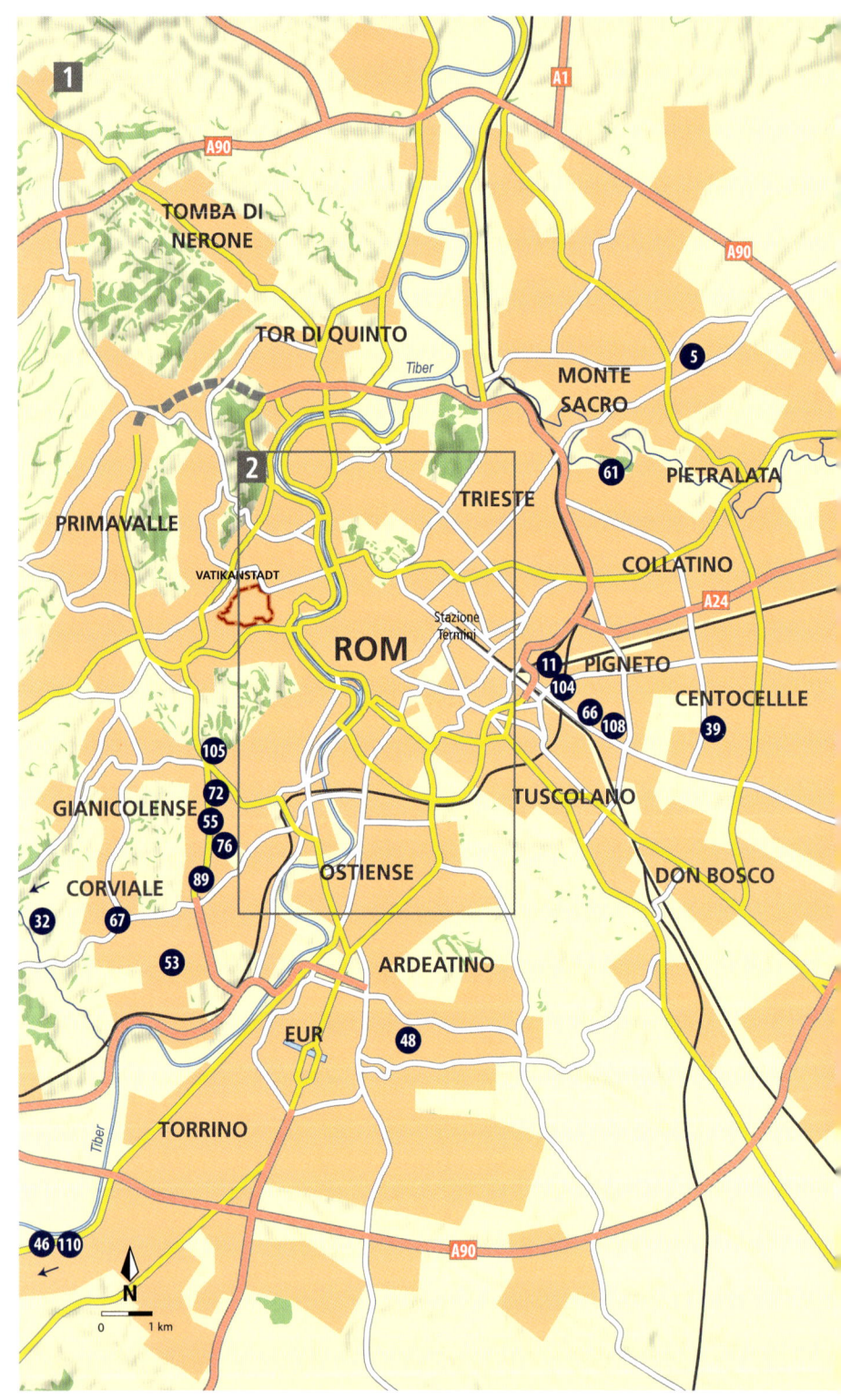

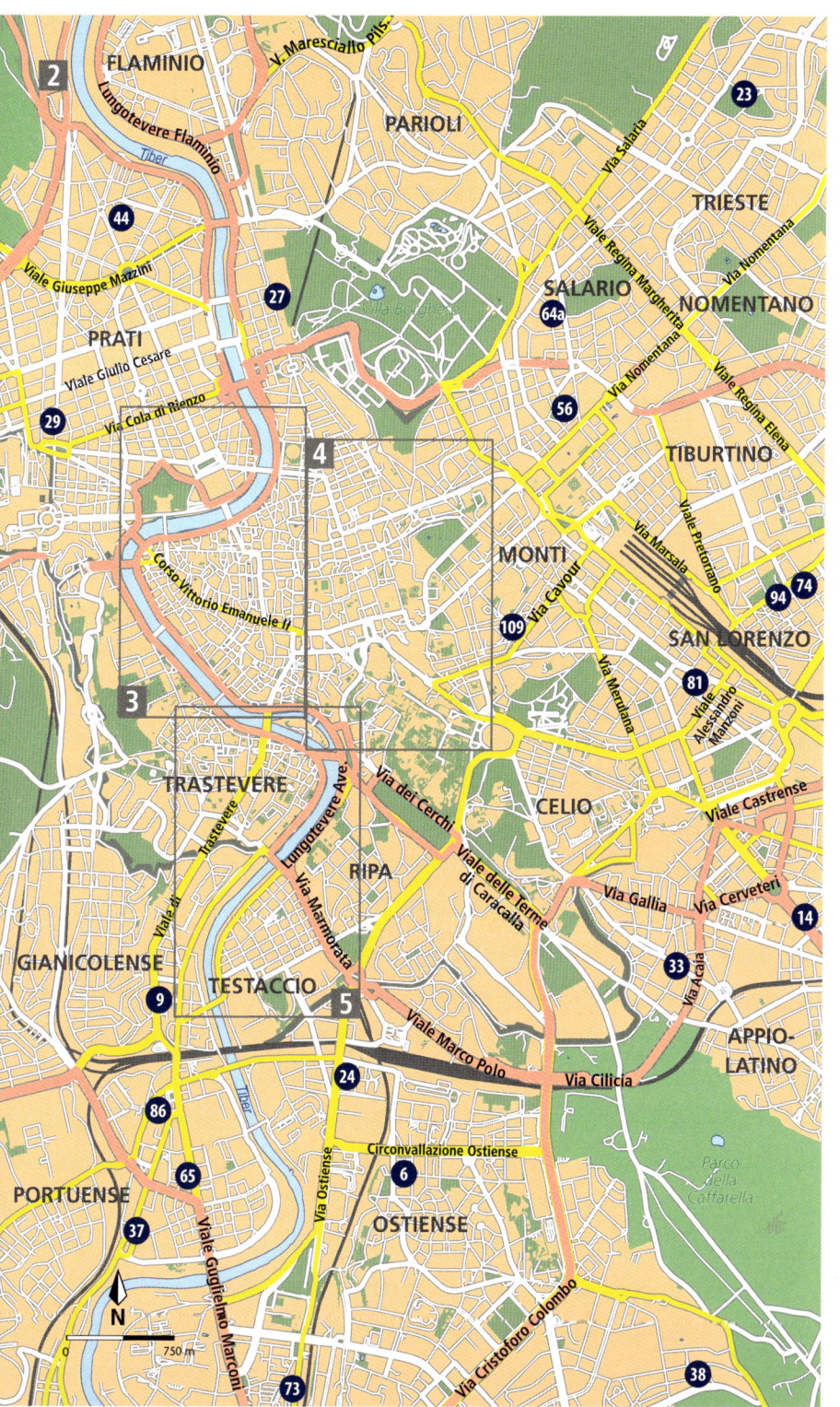

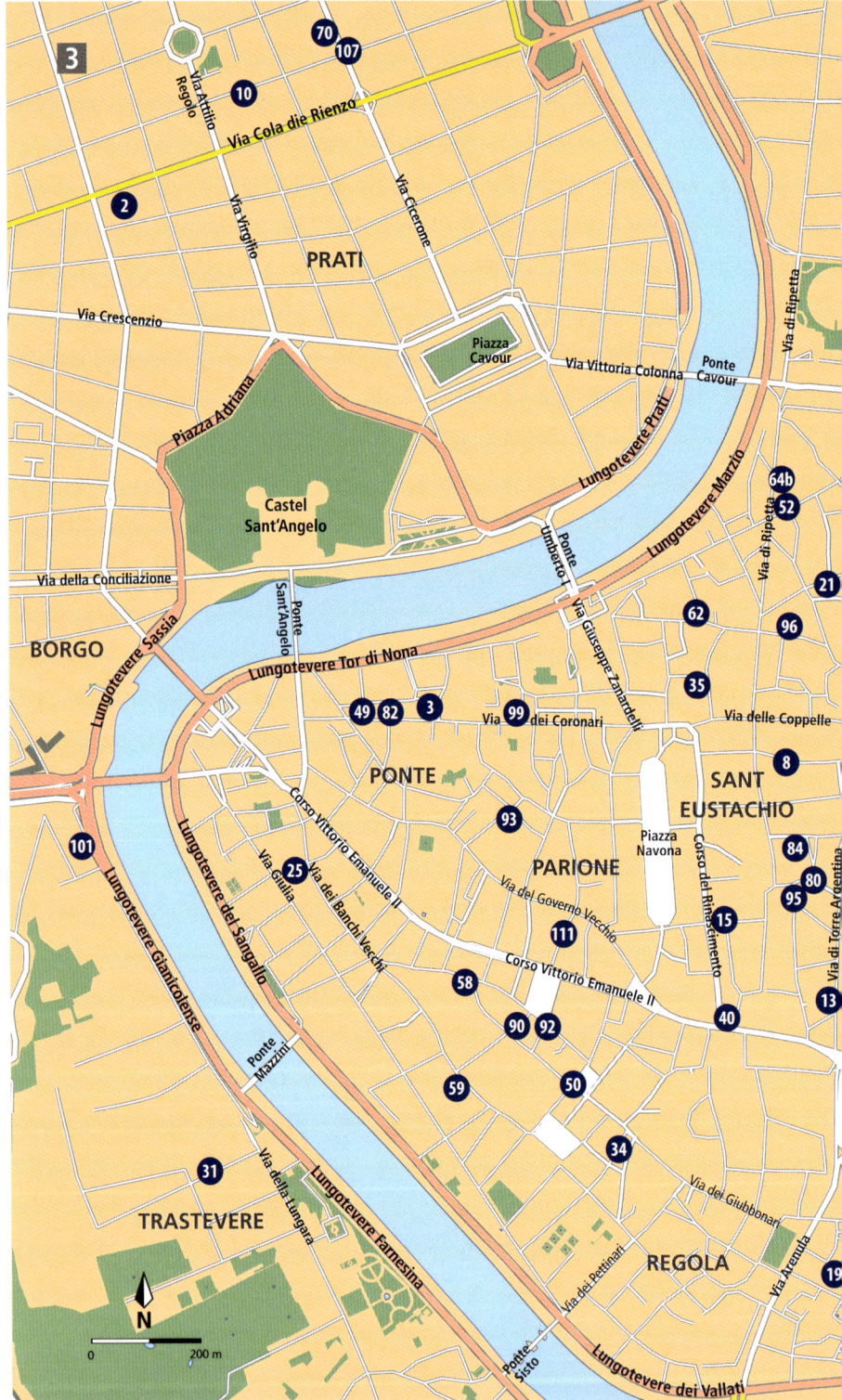

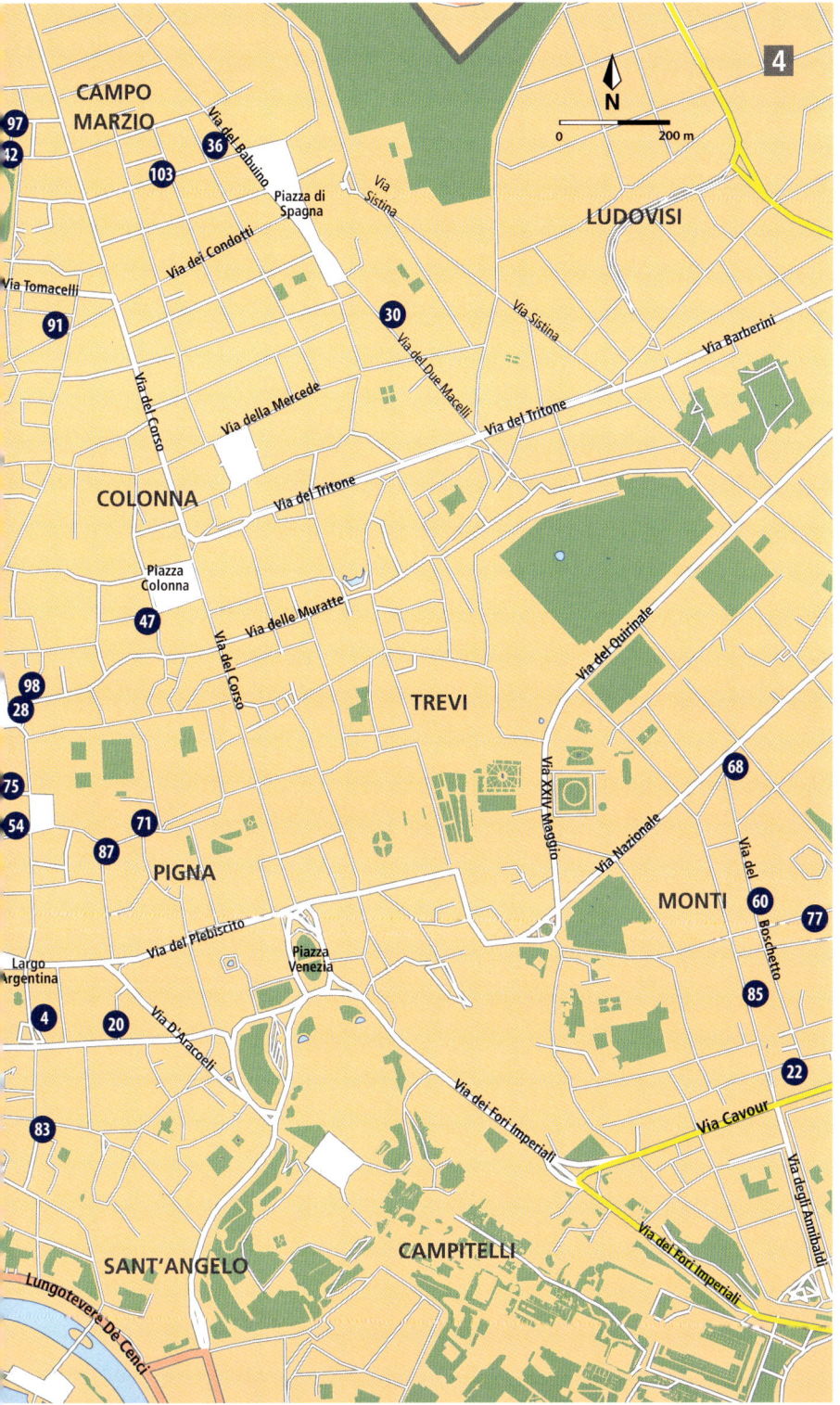

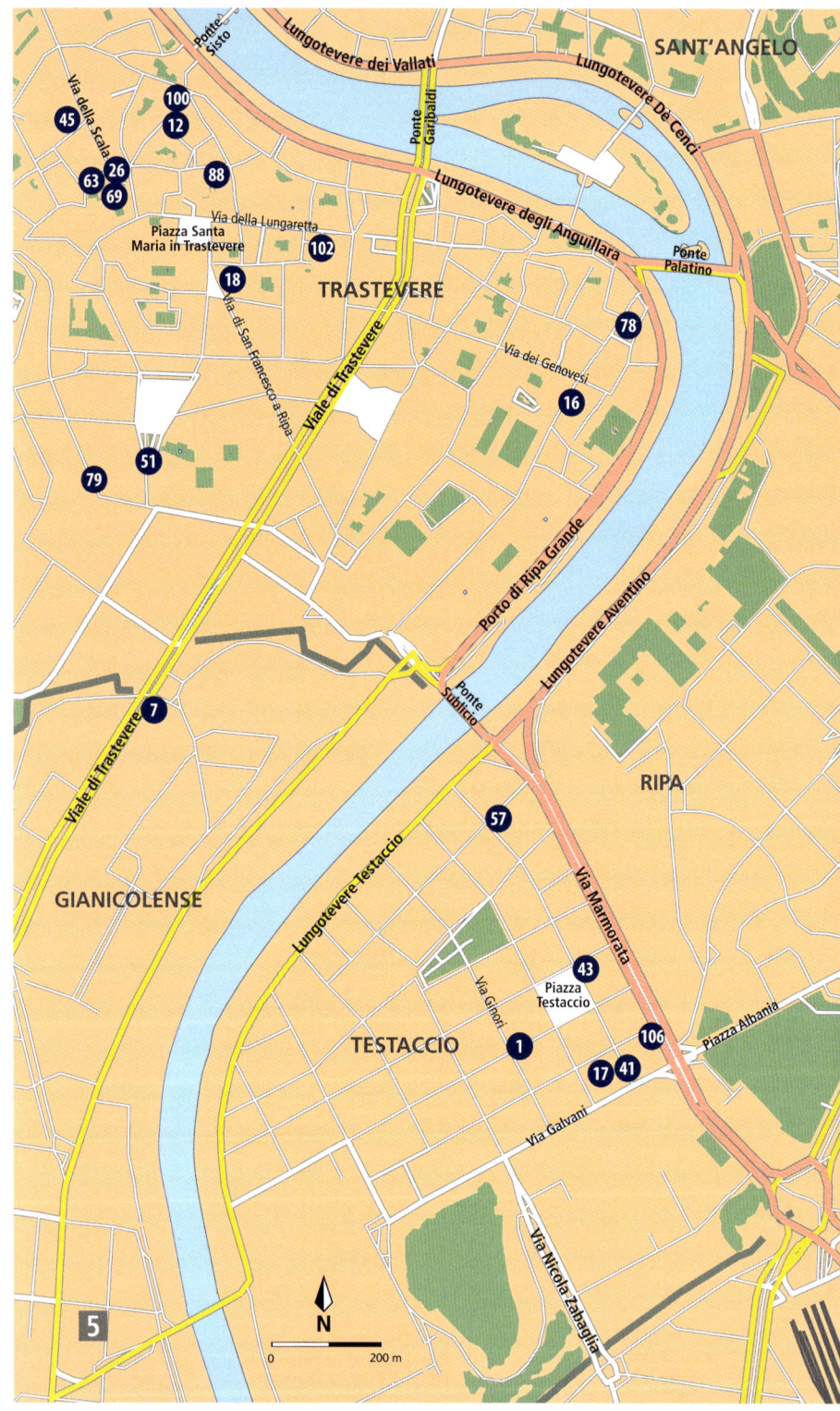

SANT'ANGELO

Lungotevere dei Vallati

Lungotevere De Cenci

Ponte Sisto

Ponte Garibaldi

Lungotevere degli Anguillara

Via della Scala

45

100

12

26

63

69

88

Via della Lungaretta

102

Piazza Santa
Maria in Trastevere

18

TRASTEVERE

Via di San Francesco a Ripa

Via dei Genovesi

Ponte Palatino

78

16

Via di Trastevere

51

79

Porto di Ripa Grande

Lungotevere Aventino

Viale di Trastevere

7

Ponte Sublicio

RIPA

57

GIANICOLENSE

Lungotevere Testaccio

Via Marmorata

Piazza Testaccio

43

Via Gihori

Piazza Albania

106

TESTACCIO

1

17

41

Via Galvani

Via Nicola Zabaglia

5

N

0   200 m

Alexandra Brücher-Huberova
**111 GESCHÄFTE IN MÜNCHEN,
DIE MAN ERLEBT HABEN MUSS**
ISBN 978-3-95451-204-1

Paul Klein
**111 GESCHÄFTE IN HAMBURG,
DIE MAN ERLEBT HABEN MUSS**
ISBN 978-3-95451-218-8

Ralph Bergel, Patricia Schmidt-Fischbach
**111 GESCHÄFTE IN BERLIN,
DIE MAN ERLEBT HABEN MUSS**
ISBN 978-3-95451-334-5

Kirstin von Glasow
**111 GESCHÄFTE IN LONDON,
DIE MAN ERLEBT HABEN MUSS**
ISBN 978-3-95451-340-6

Annett Klingner
**111 ORTE IN ROM,
DIE MAN GESEHEN HABEN MUSS**
ISBN 978-3-95451-219-5

Lucia Jay von Seldeneck, Carolin Huder,
Verena Eidel
**111 ORTE IN BERLIN,
DIE MAN GESEHEN HABEN MUSS**
ISBN 978-3-89705-853-8